今さら聞けない

DX用語 まるわかり辞典 デラックス

ウイングアーク1st株式会社「データのじかん」編集部 編
トツカケイスケ マンガ

左右社

はじめに

テクノロジーを本当の意味で活用できれば、会社や生活がもっと良くなるはず!

テクノロジーの存在は、私たちの生活や社会を一変させました。タイプライターで書類を作成することはなくなりましたし、調べ物をしたい時にわざわざ図書館に行かなくても、インターネットで検索できるようになりました。一部の地域を除けば、遠方への荷物を翌日届けることもできますし、クレジットカードでの支払いもすぐに完了できます。とても便利ですよね。

しかし、こうしてデジタル社会の恩恵を一方的に受けているだけでは、**テクノロジーを本当の意味で上手に活用できているとは言えない**かもしれません。むしろ、ものすごい勢いで進歩するテクノロジーに、私たち自身が振り回されているようにも思えます。

これは私たち個人の問題だけでなく、企業にも同じことが言えます。ITを競争力の源泉にしている大手グローバル企業がどんどん活気づく一方で、なかなかテクノロジーを活用しきれていない企業もたくさんあるのが現実です。

みなさんの会社はどうでしょう。テクノロジーをうまく使いこなせているでしょうか。

それから、みなさん自身はどうでしょう。日々の仕事で、テクノロジーを使いこなせているでしょうか。

たとえ会社が新しいシステムやITツールなどを導入したとしても、働く人たちの仕事のやり方が変化していないケースは意外と多いものです。

下のグラフは、マッキンゼー・アンド・カンパニー・ジャパンが経営者を対象に行った調査結果です。これによれば、IT、テクノロジー、データを生かす上で最も大きな問題は、「テクノロジーの整備などの技術的課題ではなく、人材不足や理解不足などの適応課題にある」と考える経営者が多いことがわかります。

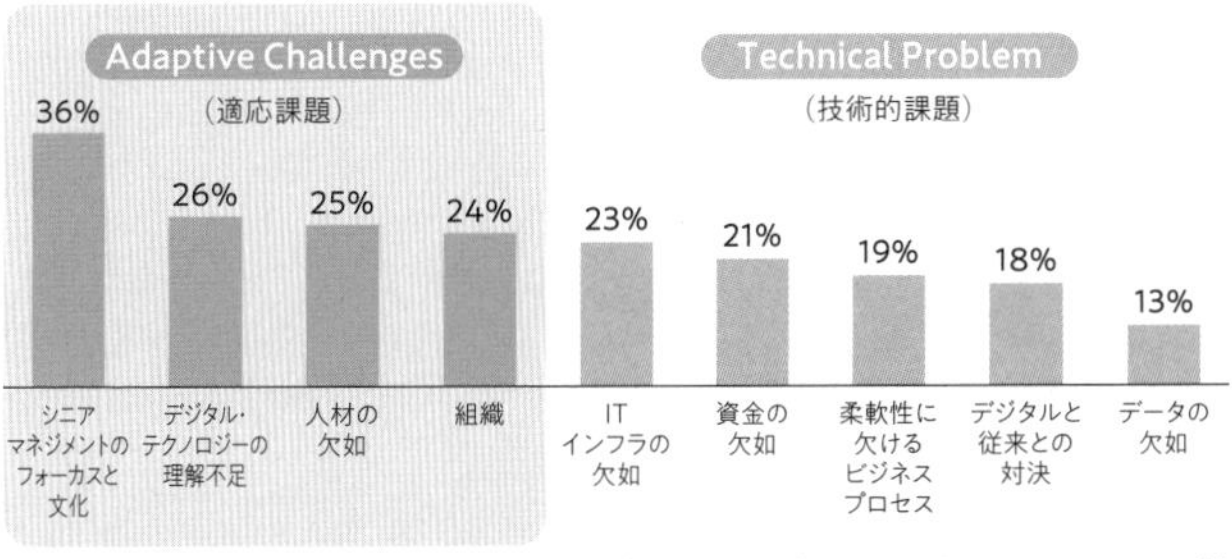

出典：マッキンゼー緊急提言「デジタル革命の本質：日本のリーダーへのメッセージ」(2020年9月)の「デジタル変革が失敗する要因の割合(マッキンゼーによるグローバル企業2,135名の経営者へのインタビュー)」をもとにデータのじかん編集部が作成

「DXって何?」という人にこそ読んで欲しい!
一般社員向けのDX入門書

もちろん、多くの日本企業は生き残るために、自分たちの仕事のデジタル化——いわゆる「DX(デジタルトランスフォー

メーション）」を急速に進めています。ですが前述のとおり、**現場にいる社員と経営者の間で、どうしても理解や意識にズレが生じがち**です。特に中小企業の多くは人材育成に十分な投資ができないことも多く、働く人の中には「DX」という言葉自体、耳慣れない方もいるかもしれません。

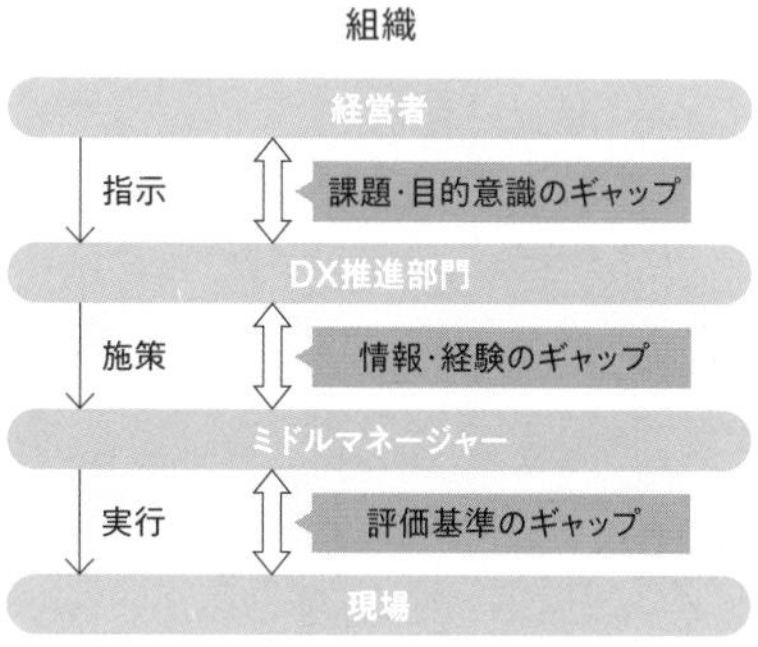

出典：永村竜也、内平直志、佐藤那央「日本企業のDX関連プロジェクトにおけるアクター間ギャップの考察」（日本MOT学会第12回年次研究発表会資料、2021年3月13日）をもとにデータのじかん編集部が作成

もし、DXに興味をもったとしても、学習のハードルは少し高めです。まず、ネットで検索してDXについて学ぼうとしても、体系的にまとめられていない情報が多く、何を参考にすればいいのか、とっかかりがうまくつかめないかもしれません。書店に行けばDXに関する本がたくさん売られていますが、そのほとんどは経営層向けの難しいビジネス書や、DX推進を命じられた担当者が読むような実践書です。これから「DXとは何か？」を知り、考えていくための**ちょうどいい入門書はそれほど多くありません**。

「越境者」となる人材を育てる 本書が目指す未来

そこで、月間約80万人に読まれているWEBマガジン「データのじかん」の人気シリーズである「4コマ劇場『タイムくん』」を用いて、4コマ漫画と用語の解説を組み合わせることで気軽に読み進めることができる書籍をつくりました。

本書は、必要な時に気になる用語の解説を読み進めることで、**自然とDXについての理解を深めることができるビジネス用語辞典**です。タイムくんのシュールで笑えるキャラクターを楽しんでいただきながら、気楽にビジネス用語を知ることができ、ITやテクノロジーを身近に感じられるようになるはずです。ぜひ、DXを推進する際の手引きとして活用いただけたらと思います。

「データのじかん」は、組織の古い慣習や旧態依然としたビジネスモデルを乗り越え、DXを推し進める**越境者たちの力になる**ことを目的としています。会社を変革する越境者になる初めの一歩に、この本が役立てば幸いです。

ウイングアーク1st株式会社
「データのじかん」編集長
野島 光太郎

キャラクター紹介

主人公 時田 大夢（ときた たいむ）

このマンガの主人公で通称「タイムくん」。DX時代を生き抜くために日々邁進しているが本音を言うといつまでも新米社員のように気楽に働きたい。公私ともに、とぼけた感じでゆるいが、地頭は良く古風な一面も。シュールなTシャツを着用している。

メソポ田宮商事の同僚たち

メソポ田宮商事はタイムくんが働く会社。DXに寄り添うサービスを提供し
ニューヨークにも本社があるようだが、連載の都合上、細かい設定はされていない。

ウサギ社長（うさぎ しゃちょう）

メソポ田宮商事日本支社の社長。ニューヨーク帰りのエリート。見ての通りウサギである。名前はまだない。

白鳥 エリカ（しらとり えりか）

タイムくんの先輩。ミーハーだけど仕事はデキるキャリア女子。部長をイジるのがささやかな楽しみ。

北田村川 谷介（きたたむらがわ たにすけ）

データ分析のデータ分析によるデータ分析のためのデータ分析マニアなデータサイエンティスト。

畑山 耕作（はたけやま こうさく）

温厚な部長だけど、ITリテラシーが皆無なのが玉にキズ。こけしマニアで、その界隈では有名人。

細井 数子（ほそい かずこ）

経理担当。面倒見の良いタイプだが怒りで豹変する。いつかAIに仕事を奪われるのではと恐れている。

熊田 肇（くまだ はじめ）

タイムくんの先輩。よく言えばおおらかで太っ腹、悪く言えばズボラ。大のギャンブル好き。

その他の愉快な仲間たち

羽田 舞子（はねだ まいこ）

タイムくんのガールフレンド。天真爛漫で気分屋だが意外としっかり者な一面もある。

弘子 ラザビィ（ひろこ らざびぃ）

カスタマーサクセスの女神であり経営コンサルタント。カスタマーサクセスに取り組むリーダーたちを支援。

過去川 旧太郎（かこがわ きゅうたろう）

未来の危機を伝えにやって来たタイムトラベラー。ひょっとしたら作中に登場する誰かの子孫かも？

マスクド・アナライズ

意識低い系DXコンサルタント。プロレスラーを彷彿させるマスク姿でDXなどに関する啓蒙活動をしている。

データのじかん

タイムくんが連載されているメディア「データのじかん」
ウイングアーク1st株式会社が運営する月間約80万人に読まれるデータ・DXに特化した日本最大級のWEBマガジン

早乙女 俊太(さおとめ しゅんた)

タイムくんの同期で資産家の一人息子。チャラい一面もあるが、冷静沈着な一面もある。

喜多江 輝(きたえ てる)

タイムくんの後輩。入社早々、コロナ禍でリモートワークの日々になったため、筋トレに目覚めた。

ヒューマくん

人事採用・育成・退勤管理をするAIロボット。無邪気なようで仕事ができない人には厳しい。

富杉 トミコ(とみすぎ とみこ)

メソポ田宮商事の会長。見た目とは裏腹にITリテラシーが高く、会社設立の経緯に精通するなど謎多き存在。

ロバート羊沼(ろばーと ひつじぬま)

メソポ田宮商事の顧問税理士。DX化に向けてペーパーレスを促進しているが、ヤギなので紙は大好物。

ピーちゃん

北田村川谷介が飼っているオウム。飼い主の影響でデータに関する言葉に関しては学習能力が高い。

タイムくんの世界を支える仲間たち

トツカケイスケ

タイムくんの作者でデザイナー&イラストレーター。作画は普段のテイストとは違いなぜかあえてゆるく描いている。

田川 薫(たがわ かおる)

タイムくんが連載されているメディア「データのじかん」の編集者。旅とギターを愛する流浪の男。

野島 光太郎(のじま こうたろう)

ウイングアーク1st株式会社
データのじかん編集長 兼
メディア企画室 室長。

塙 花梨(はなわ かりん)

株式会社左右社の書籍編集者。この本の編集を担当している。えびの天ぷらが好物である。

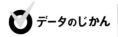

本書の読み方

❶キーワード

❷カンタン説明
ひとことで言えばどういう意味の用語なのか簡潔に説明しています。

❸詳しい説明
さらに詳しく用語を解説しています。

❹もっとよく知るためのポイント
1〜3つのポイントに分けて、用語の対義語や活用事例、具体的な使い方などを紹介しています。

❺図解
ポイントの補足として、図解を載せているページもあります。

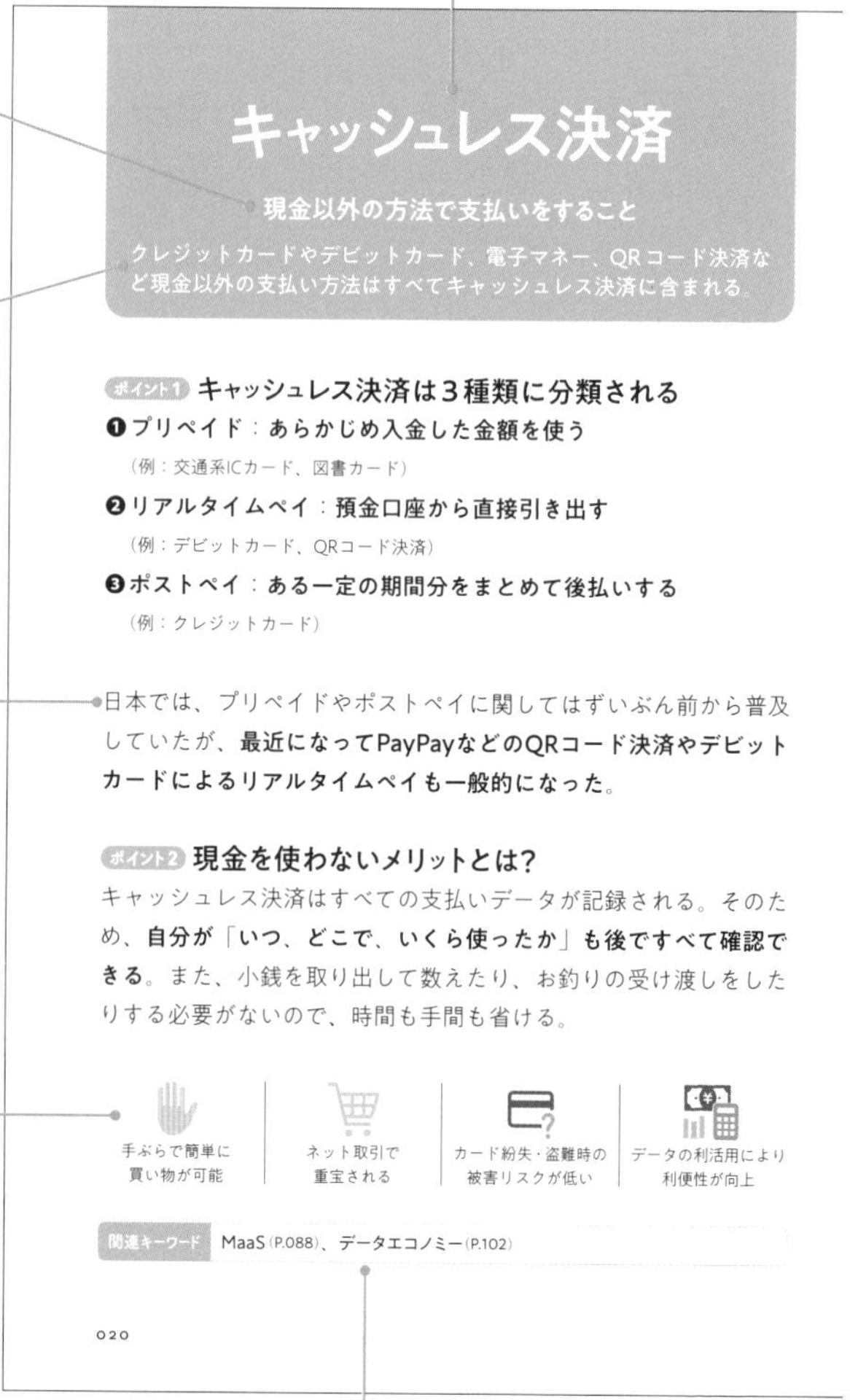

キャッシュレス決済

現金以外の方法で支払いをすること

クレジットカードやデビットカード、電子マネー、QRコード決済など現金以外の支払い方法はすべてキャッシュレス決済に含まれる。

ポイント1 キャッシュレス決済は3種類に分類される

❶プリペイド：あらかじめ入金した金額を使う
（例：交通系ICカード、図書カード）

❷リアルタイムペイ：預金口座から直接引き出す
（例：デビットカード、QRコード決済）

❸ポストペイ：ある一定の期間分をまとめて後払いする
（例：クレジットカード）

日本では、プリペイドやポストペイに関してはずいぶん前から普及していたが、**最近になってPayPayなどのQRコード決済やデビットカードによるリアルタイムペイも一般的になった。**

ポイント2 現金を使わないメリットとは?

キャッシュレス決済はすべての支払いデータが記録される。そのため、**自分が「いつ、どこで、いくら使ったか」も後ですべて確認できる**。また、小銭を取り出して数えたり、お釣りの受け渡しをしたりする必要がないので、時間も手間も省ける。

手ぶらで簡単に買い物が可能
ネット取引で重宝される
カード紛失・盗難時の被害リスクが低い
データの利活用により利便性が向上

関連キーワード MaaS（P.088）、データエコノミー（P.102）

020

❻関連キーワード
近しい、もしくは関連するキーワードとページ番号を掲載しています。

❼4コマ漫画

用語にまつわる楽しい4コマ漫画です。タイムくんとその仲間たちが、会話を通して豆知識を教えてくれます。

あれ、まだ現金使ってるんですか？
あ、北田村川 谷介さん
私は完全キャッシュレス。スムーズな会計は大人のたしなみですからね。しかも、クレカや電子マネーはポイント還元やクーポンのサービスがあるのでお得なんですよ！
顔が近いから…
フカミメマート
ただ、お店ごとに提携してるカードが違うから、私は全て手ぶらで持ち歩けるようにこの収納スーツを特注しました。益々もってスムーズでしょ？
バサッ
えっと…この店でお得になるカードは…あれっ、どれだっけな？
ざわざわ
全然スムーズじゃねえ…

「現金だとあるだけしか使えないから安心」って言う人の気持ちもわかるんですけど、調子に乗って飲みすぎた時とかカードで払ってるといくら使ったのかわかるので、それはそれで安心ですよね。記憶には残らなくても記録には残ってるので……。

ライト級 021

❽タイムくんのひとこと

この用語に関する、タイムくんのちょっとシュールなお言葉。たまに別のキャラが登場することも……！

目次

ミドル級 28単語

●ヘビー級 16単語

これはぜひとも
読んでおかないと…

まずはここから!

ライト級

26単語

まずは、なんとなく聞いたことがある基本的な用語をおさらいしてみましょう。意外と「意味をしっかり理解せずに使ってしまってた！」なんて言葉もあるかもしれません。

DX（デジタルトランスフォーメーション）

データやデジタル技術を活用し、市場の激しい変化への対応、企業文化の変革、競争の優位性を目指すこと

読み方は「ディーエックス」。2004年にスウェーデンのエリック・ストルターマン教授が提唱した概念で、もともとは「ITが生活のあらゆる面でより良い方向に変える」と定義されていた。

ポイント1 DXは組織・事業の変革である

生き残るためには変革は無視できないものとなり、DXの取り組みを始める企業が増えてきている。勘違いされがちだが、**DXとは「事業の変革」であり、テクノロジーの話ではない**。デジタル技術をベースに組織全体を再構築する取り組みを指す。

ポイント2 「DX」と「IT化」は違う

DXと混同されることが多いのが「IT化」。DXが組織や事業そのものを変革することであるのに対し、IT化は既存の業務プロセスをデジタルに置き換えることで業務効率化と生産性向上を図る、**DXを推進するための1つの手段**でしかない。

ポイント3 変革を目的化しては意味がない

DXを進めるにしても、変革することが目的となってしまっては意味がない。会社から「データ分析で何かやれ」と言われたら、**「何を目的として分析するのか／どんな成果を出せるのか」を見極めることが大切**になってくる。「技術やメリットがあればわかってくれる」ということはあり得ず、むしろ、技術よりも社内調整やコミュニケーションが大事な場面に出くわすことになる。

関連キーワード ICT（P.052）、2025年の崖（P.132）、ダイナミック・ケイパビリティ（P.150）

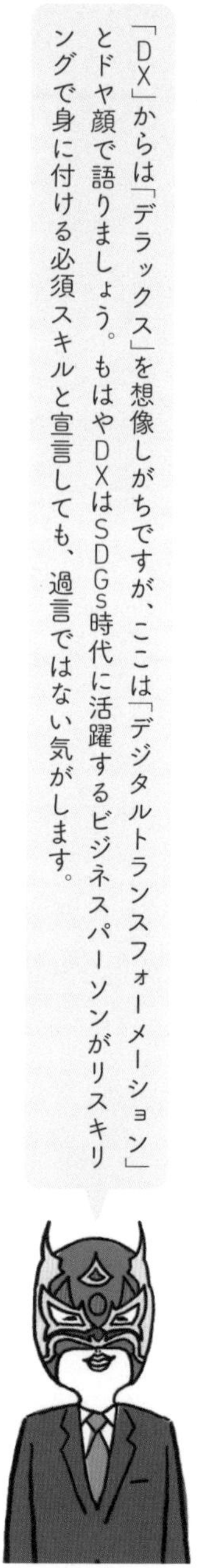
「DX」からは「デラックス」を想像しがちですが、ここは「デジタルトランスフォーメーション」とドヤ顔で語りましょう。もはやDXはSDGs時代に活躍するビジネスパーソンがリスキリングで身に付ける必須スキルと宣言しても、過言ではない気がします。

一見プロレスラーかと思いきや実はデータ・DX界の救世主とも言えるエヴァンジェリストで、メディアへの執筆や登壇、企業へのコンサルもされているマスクド・アナライズさん、初めまして。

すごく説明的な挨拶（笑）

多くの企業がDXに力を入れ始めていますが、問題も起きています。まずは自社でデータ活用の知識を身につけるなど、準備も大切です。

しかし、苦手意識がある分野に挑むのは、不安や抵抗もあるでしょう。

そんな方々に勇気を与えられるよう、DXの魅力を伝えながら様々な支援を行っています。

私が大好きなプロレスから勇気をもらったように、このマスクを被って…

ちなみに、プロレス業界も人気低迷時には新たなチャンピオンによる改革や地道なPR活動がありました。さらにSNSや動画サイトなどITを積極的に活用することで若者や女性など新たなファンを呼び込んで人気が伸びています。ちなみに、データ分析ではBIツールが欠かせませんが、プロレスでは、その昔「BI砲」というタッグチームがあり、なんと、ジャイアント馬場さんとアントニオ猪木さんによる…

カンカンカン
コマ数終了です

IoT

あらゆるモノをインターネットに接続すること

読み方は「アイ・オー・ティー」。「Internet of Things」の略で、モノのインターネットという意味。

ポイント1 モノをインターネットに接続するってどういうこと?

かつてはインターネットに接続するにはコンピューターが必須だったが、最近では**テレビなどの家電、自動車、工場機器などあらゆるモノがインターネットに接続できる**ようになった。IoTを使えば、センサーやカメラの情報をインターネット経由で確認したり、デバイスを遠隔操作したりできるようになる。

ポイント2 IoTを使って実現できる4つのこと

❶**モノを操作する**（例：外出先から自宅の炊飯器のスイッチを入れる）
❷**モノの状態を知る**（例：電子機器の電池残量を遠隔地から把握する）
❸**モノの動きを検知する**（例：子どもが自宅に戻ったら通知を受け取る）
❹**モノ同士で通信する**（例：山頂に設置された温度計の数値データを確認する）

ポイント3 IoT活用事例「スマート漁業」

養殖場の水温データを確認したり、カメラで状況を把握したりできるようになったことで、**現場に足を運ぶ手間が省けるようになった**。しかも、常にデータが取得できるようになったおかげでより細やかな管理、分析が可能に。まさに一石二鳥である。

関連キーワード　5G回線（P.024）、AI（人工知能）（P.026）、ハードデータとソフトデータ（P.056）、スマートファクトリー（P.096）、デジタルツイン（P.108）

IoTって泣いてる顔文字だと思い込んでたんですけど、意味があったっていうかちゃんとした用語なんですね（笑）アイ・オー・ティーって読むんだそうです。あ、全然関係ないですけど、「orz（土下座風がっかり）」ってそういえば最近あんまり見かけなくなりましたよね。

ねぇねぇ、白鳥さん
今回の企画書によく出て来る
この泣いてる顔文字なに？
ちょっと部長、これは
顔文字じゃないです（笑）
IoT（アイ・オー・ティー）
モノとインターネットを
繋ぐことですよ
モノとインターネット？
例えば…
・スマホを使って出先から
エアコンを操作したり
冷蔵庫の中身を確認したり
・自動車の自動運転
・ドローンで配送サービス
・飛行機や工場の機械が
自動で故障を判断して
作業員に伝える…etc
中身確認
室温管理
クラウド
状態報告
自動操縦
てか、IoT知らずに
よくこの部署に
居られますね（笑）
そんなに
ストレートに
言わなくても…
IoT
うるうる

キャッシュレス決済

現金以外の方法で支払いをすること

クレジットカードやデビットカード、電子マネー、QRコード決済など現金以外の支払い方法はすべてキャッシュレス決済に含まれる。

ポイント1 キャッシュレス決済は3種類に分類される

❶プリペイド：あらかじめ入金した金額を使う

（例：交通系ICカード、図書カード）

❷リアルタイムペイ：預金口座から直接引き出す

（例：デビットカード、QRコード決済）

❸ポストペイ：ある一定の期間分をまとめて後払いする

（例：クレジットカード）

日本では、プリペイドやポストペイに関してはずいぶん前から普及していたが、**最近になってPayPayなどのQRコード決済やデビットカードによるリアルタイムペイも一般的になった**。

ポイント2 現金を使わないメリットとは？

キャッシュレス決済はすべての支払いデータが記録される。そのため、**自分が「いつ、どこで、いくら使ったか」も後ですべて確認できる**。また、小銭を取り出して数えたり、お釣りの受け渡しをしたりする必要がないので、時間も手間も省ける。

手ぶらで簡単に
買い物が可能

ネット取引で
重宝される

カード紛失・盗難時の
被害リスクが低い

データの利活用により
利便性が向上

関連キーワード MaaS（P.088）、データエコノミー（P.102）

あれ、まだ現金使ってるんですか?
あ、北田村川谷介さん
私は完全キャッシュレス。スムーズな会計は大人のたしなみですからね。しかも、クレカや電子マネーはポイント還元やクーポンのサービスがあるのでお得なんですよ!
顔が近いから…
フカヅメマート
ただ、お店ごとに提携してるカードが違うから、私は全て手ぶらで持ち歩けるようにこの収納スーツを特注しました。益々もってスムーズでしょ?
バサッ
ざわざわ
えっと…この店でお得になるカードは…あれっ、どれだっけな?
全然スムーズじゃねえ…

「現金だとあるだけしか使えないから安心」って言う人の気持ちもわかるんですけど、調子に乗って飲みすぎた時とかカードで払ってるといくら使ったのかわかるので、それはそれで安心ですよね。記憶には残らなくても記録には残ってるので……。

オープンイノベーション

企業や組織が、社内だけでなく社外からも、広く技術やアイデアを集めてイノベーションを起こすイノベーション手法

2000年代初頭にアメリカのハーバード・ビジネススクールのヘンリー・チェスブロウ博士によって提唱された概念。この手法では、革新的なビジネスモデルやサービスを生み出したい企業を中心としたネットワークがつくられる。

ポイント1 【事例】LEGO社のオープンイノベーション

デンマークに本社を構えるLEGO社では「**LEGOをより面白くするのがLEGO社員である必要は無い**」という発想のもと、誰でもアイデアを共有できるサイト「LEGO IDEAS」を開設している。共有されたアイデアを評価することもでき、1万人以上が「良い」と評価したアイデアは実際に商品化される場合もある。

ポイント2 オープンイノベーション2.0を提唱

「オープンイノベーション2.0」という概念も提唱されている。従来は「新規事業の創出」が目的だが、**オープンイノベーション2.0は「社会的な共通課題の解決」が目的**になっている。

	オープンイノベーション1.0	オープンイノベーション2.0
主導	企業	市民・ユーザー
特徴	**1つの企業が主軸**となったイノベーションが目的なので、連携先とは**お互いにメリットがある関係**を構築する必要がある	**市民やユーザーも巻き込んで**意見やアイデアを反映してイノベーションをつくり出す。**共通の課題を持つ複数のプレーヤー**が同じ目標に向かって進む必要がある

出典：「オープンイノベーション白書　第三版」をもとに作成

関連キーワード	API（P.032）、プロセスエコノミー（P.054）、 オープンデータ（P.062）、フルーガル・イノベーション（P.162）

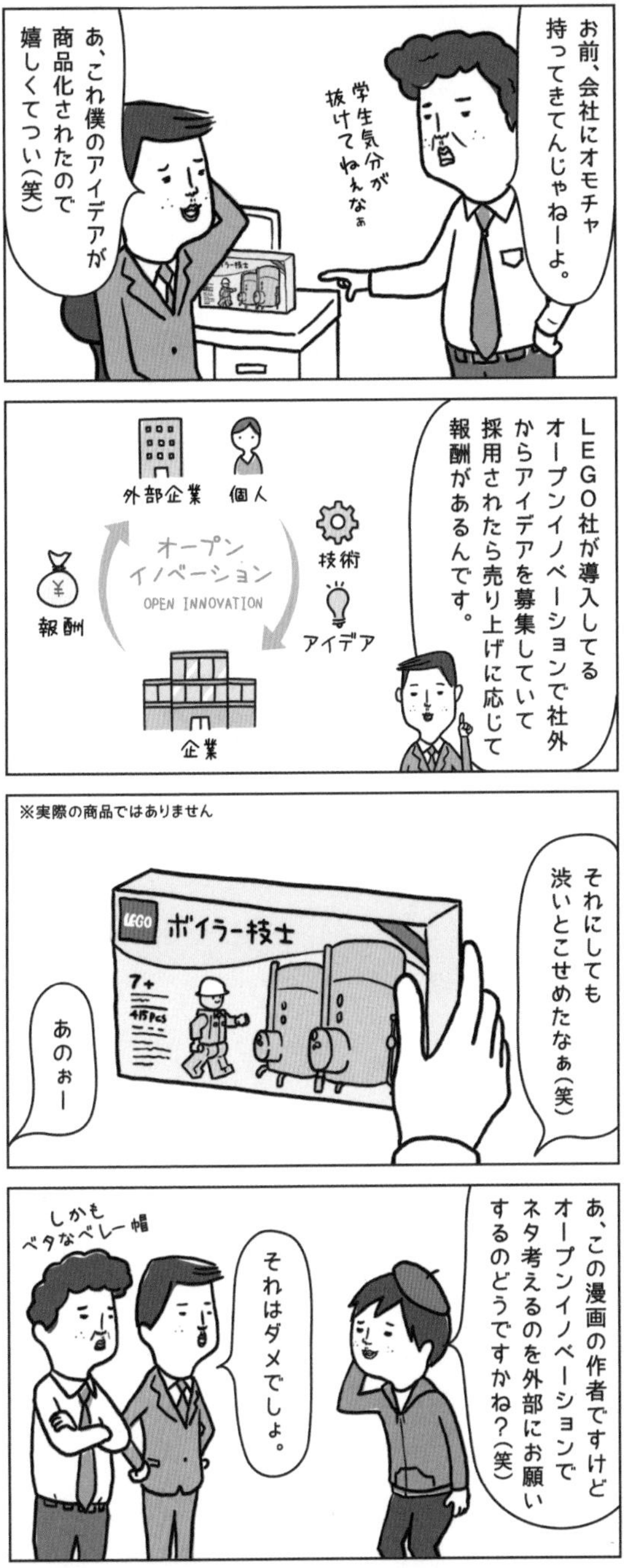
お前、会社にオモチャ持ってきてんじゃねーよ。
学生気分が抜けてねぇなぁ
あ、これ僕のアイデアが商品化されたので嬉しくてつい(笑)
LEGO社が導入してるオープンイノベーションで社外からアイデアを募集していて採用されたら売り上げに応じて報酬があるんです。
外部企業
個人
技術
アイデア
オープンイノベーション
OPEN INNOVATION
報酬
企業
※実際の商品ではありません
それにしても渋いとこせめたなぁ(笑)
あのぉー
LEGO
ボイラー技士
7+
415pcs
あ、この漫画の作者ですけどオープンイノベーションでネタ考えるのを外部にお願いするのどうですかね?(笑)
それはダメでしょ。
しかもベタなベレー帽

実は昔からオープンイノベーションの概念はあって、洗濯機の「糸くず取りネット」を発案したのは主婦の方だったらしいです。たしかに便利になるなら誰のアイデアかなんて関係ないですもんね！　しかも発案者の方は特許で結構稼げたらしいです。憧れちゃいます！

5G回線

第5世代の移動通信システム

スマートフォンで活用される第5世代型の移動通信システムのこと。Gは「Generation（世代）」の略語。理論上は4Gのおよそ10倍から100倍の速度での通信が可能となっている。

ポイント1 5Gになって何が変わったの?

通信速度が速くなり、データのダウンロードや動画視聴をより**速くスムーズに行うことができる**ようになった。さらに、**通信容量も大幅に増加し**、4Gでは難しかった大容量のデータのやり取りも日常的に可能になった。

ポイント2 もうすぐくるかも? 6Gの世界

2030年代に6Gの時代になると言われている。6G通信が普及すると、どんな世界が待っているのか。まず、**地球上のあらゆる場所や宇宙空間でデータの送受信が可能**になり、大量のデータが収集できるようになる。一方、膨大な情報をどう扱うかが、今以上に個人や企業に対して求められるようになっていくだろう。

ポイント3 サイバー社会の実現

6Gが普及すると、**現実世界と仮想世界が融合した「Society 5.0」と呼ばれるサイバー社会が実現する**かもしれない。実物とほぼ同じリアルな3次元の立体映像を空間に投影できるようになる。また、**メタバースが6Gによって現実世界と一体化する**可能性を示唆する専門家もいる。

関連キーワード　IoT（P.018）、メタバース（P.058）、Society 5.0（P.100）

あ、申し遅れましたがわたしの名前は過去川《かこがわ》旧太郎《きゅうたろう》です。
ぜんぜん未来人ぽくない名前（笑）
僕は、時田 大夢。「タイムくん」って呼ばれてます。
にしても、この家の回線っていとスローリーですねー（苦）5G回線が更に普及したら感動しますよ！
5Gが普及すると…
超高速… 通信速度は4Gの約100倍
大容量… VRで360度ビューのスポーツ観戦も可能に
低遅延… 自動運転などIoTの進化
多接続… 大勢の人が集まる場でもしっかり回線に繋がる
で、さらに先の8G回線になったら、なんとなんと…
ウオオーン
ウオオーン
なになに?! 未来の事あまり喋っちゃダメって時空警察からの警報的な?!
いえ、ただのアラームです。
12:00です 12:00です
わあー テクノロジーの無駄づかい

未来ではさぞクールなものが流通しているのだろうと思っている方も多いかも知れませんが、僕らの世界ではレトロな平成アイテムが超クールだって言われていて、iPhone5sなんてマニアがたくさんいるんですよね。ないものねだりはいつの時代も同じみたいです（笑）

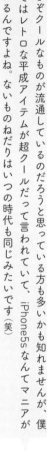

AI（人工知能）

人間の知能を人工的に再現したもの

人間と同じような判断ができるようにプログラミングされた人工的な知能。ディープラーニングの技術によって精度が飛躍的に向上したと言われている。

ポイント1 ロボットとAIは全く別物!

「Artificial Intelligence」の頭文字を取り、AIと呼ばれている。ロボットと人工知能を混同する人も多いが、ロボットは、あらかじめプログラムされた通りにしか動けないのに対し、人工知能は**人間のように自ら考え学習**し、どんどん成長することができる。

ポイント2 人間にとって簡単なことほどAIには難しい?

人工知能は大量のデータを処理して分析することが得意で、人間には不可能な作業も短時間で行えるが、**1歳児レベルの知覚と運動のスキルを覚えることは難しい**。

●**あなたの職場でAI（人工知能）は導入されていますか**（n＝800、単一回答）

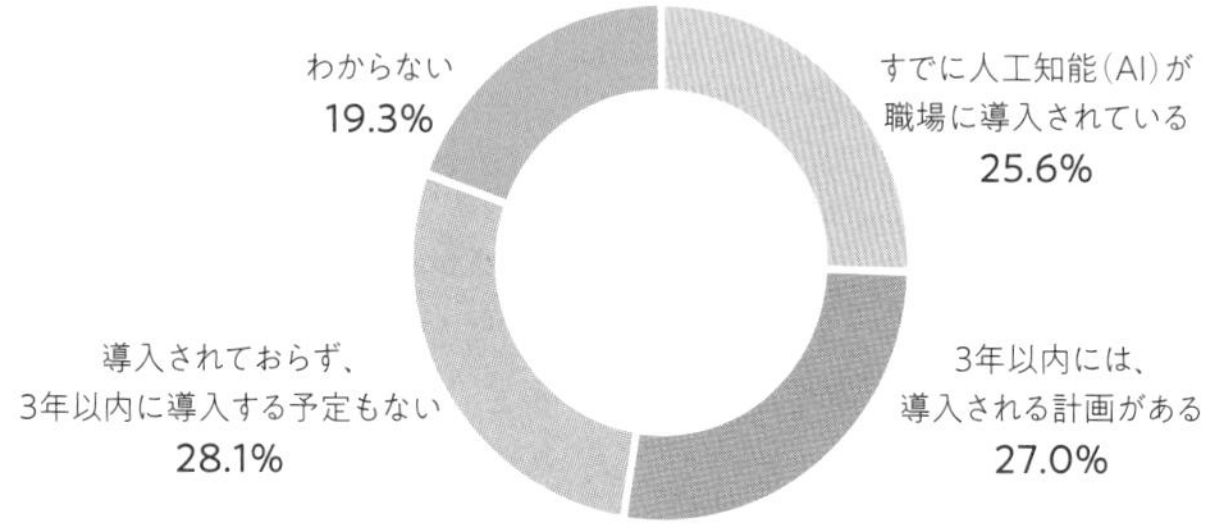

わからない
19.3%
すでに人工知能（AI）が
職場に導入されている
25.6%
導入されておらず、
3年以内に導入する予定もない
28.1%
3年以内には、
導入される計画がある
27.0%

出典：アデコ株式会社の2020年12月の「AI（人工知能）導入に関する意識調査」をもとに作成

関連キーワード
IoT（P.018）、ビッグデータ（P.028）、ハードデータとソフトデータ（P.056）、オープンデータ（P.062）、RPA（P.076）

はぁ…
あれ、細井さん なんか元気ないですね。
この先、AIが進化したら 経理の人材が要らなくなるって 言われてるじゃない？ わたし、失職するんじゃないかと 不安で、食事も朝・昼・晩しか 喉を通らないのよ…
いや、充分だろ…
AIには出来ない スキルってなんだろぅ…
サクッ
食欲ないなら、 細井さんの分のお裾分け もらっちゃいますねー
そのサクッとした響きは… まさか「鶴屋千年堂※」のモナカ?! 食べた瞬間、濃厚な小豆の風味と 甘さが口の中いっぱいに広がる のに、後味はしつこくない。 まるで儚い夢を見ているようで、 気付けば1つ、また1つと包みを 開けてしまう魅惑の…
わたしの大好物
AIには出来ない 食レポのスキル！
※架空のお店です

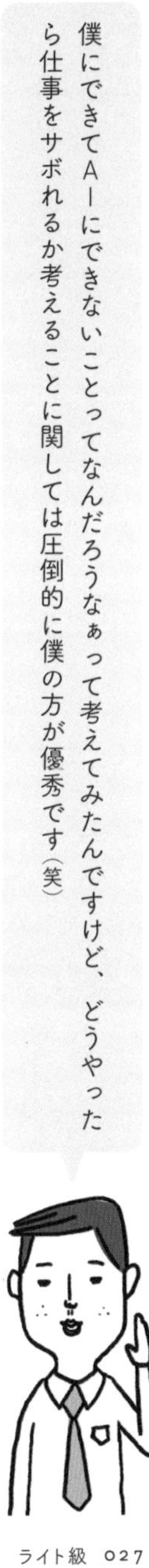
僕にできてAIにできないことってなんだろうなぁって考えてみたんですけど、どうやったら仕事をサボれるか考えることに関しては圧倒的に僕の方が優秀です（笑）

ビッグデータ

人間では全体を把握することが困難な巨大なデータ群

名称からデータ量だけに注目しがちだが、「様々な形をした、様々な性格をもった、様々な種類のデータ」を指す。

ポイント1 ビッグデータの活用事例による可能性の広がり

ビッグデータは非常に注目を集めており、ビジネスシーンでも活用が進んでいる。最近よく目にする活用事例としては、携帯電話の位置情報データから特定拠点での人々の移動状況を分析したものなどが挙げられる。

ポイント2 スモールデータの特長とは?

スモールデータは、**アクセスが容易で取り扱いしやすく、抽出後に活用する部分のデータサイズに焦点を当てて「スモール」と呼ばれている**。ビッグデータに比べて容易に扱え、時間をかけずに洞察ができるので重宝されている。

ポイント3 スモールデータとビッグデータは補完関係

データが巨大化し、ビッグデータの解析では統計的に有意な相関関係を誤認するリスクも高まっている。一方、スモールデータはデータ量が少ないがゆえに、付随する情報を掛け合わせる必要がある。データ分析に深い洞察力をもたらすという意味からも、**スモールデータはビッグデータを補完する役割**として、その価値が認められているのだ。

関連キーワード　AI（人工知能）（P.026）、GPS（P.036）、ハードデータとソフトデータ（P.056）、データエコノミー（P.102）、ダークデータ（P.110）

「ビッグデータ」と「スモールデータ」って両方あって初めて成立する気もしますよね。ビッグデータが飛行機ならスモールデータは空港直行バス、みたいなイメージで、空港直行バスなしでは空港に辿り着けないけど、飛行機がなければ空港に行く必要もあまりない、的な。

ビッグデータ
企業で作成した文書データ以外にも、音声・動画、位置情報、店舗の購入履歴やSNSの書き込みなど、従来のデータベース管理システムでは解析しきれないほど膨大なビッグデータをうまく活用してGAFAは大企業に成長しました。
フムフム
スモールデータ
A
B
C
D
一方、スモールデータは洞察力があるアナリストが、データとデータを掛け合わせて分析するので、小規模なデータ群から低コスト・短期間で説得力のある分析結果が得られるんです。予測不能と言われるVUCAな今の時代にも向いていますね。
洞察力があるアナリストとは例えば私のような フッ…
ビッグデータのデメリット
・コストや時間がかかる
・プライバシー管理が大変
・想定外の事象に不向き
スモールデータのデメリット
・大規模な解析ができない
・人間の洞察力に委ねられる
・科学・文学等の知識が必要
双方にメリット・デメリットがあり、どちらが良いというよりはビッグ・スモールの良いところを連携させるのが大事なんです。

では、データ業界ではビッグガイだけど小食な北田村川谷介さんとスモールガイだけど大食な僕が焼き肉屋で晩ご飯を連携するってのはどうですかね？

私にメリット無いですよね？

その電球、かち割りたい…

インフルエンサー マーケティング

SNSで大きな影響力を持つインフルエンサーに製品やサービスを紹介してもらい、消費者の認知や購買意欲を高めるマーケティング手法

従来のマーケティング手法よりも対象を細かく設定し直接働きかけることができるため、消費行動に直結しやすく費用対効果が高いという特長がある。

ポイント1 そもそもインフルエンサーって？

インフルエンサーは主にSNSで積極的に情報を発信して人々から共感や信頼を獲得している人物・団体のこと。**SNSのフォロワーが多く、情報拡散力が高い**という特長がある。

ポイント2 ニセモノにご注意を！

企業にとって悩みの種の一つとなっているのが「**フェイクインフルエンサー**」の存在。**フォロワーや「いいね！」をお金で購入している偽アカウント**のことだ。

●フェイクインフルエンサーの主なカテゴリー

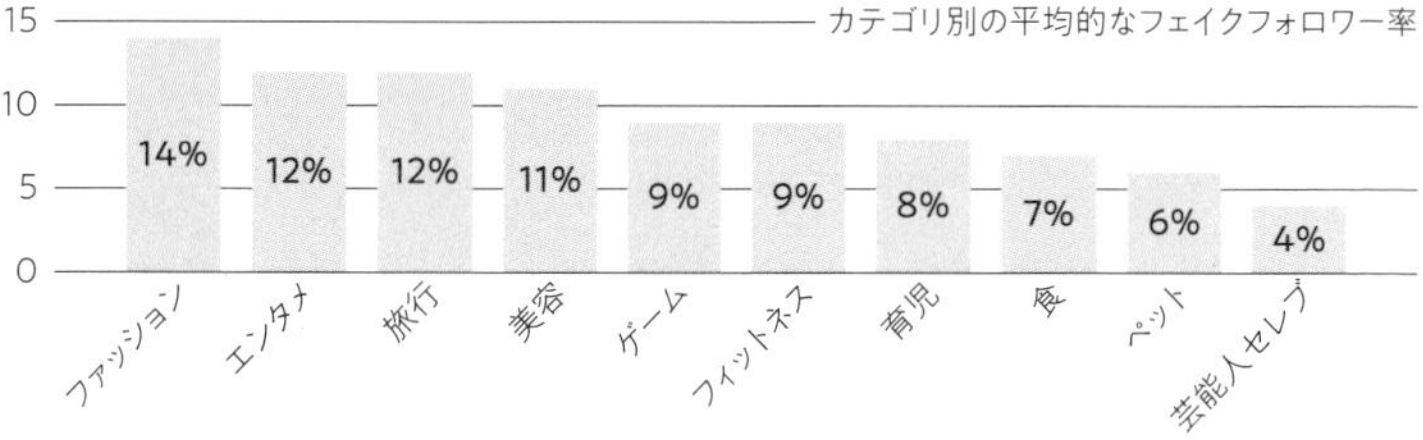

15
10
5
0
カテゴリ別の平均的なフェイクフォロワー率
14%
12%
12%
11%
9%
9%
8%
7%
6%
4%
ファッション
エンタメ
旅行
美容
ゲーム
フィットネス
育児
食
ペット
芸能人セレブ

出典：「#NoFilter: How to Uncover the Fakes Report」（2018）をもとに作成

関連キーワード	プロセスエコノミー（P.054）、データエコノミー（P.102）、パルス型消費（P.140）

インフルエンサーマーケティングってあんまり予算のない会社がやってる手法なのかと勝手に思ってたんですけど、意外と大企業も積極的に活用してるみたいでびっくりしちゃいました。
わたしインフルエンサーになりたいんですよねぇー
インスタのフォロワーも3千人超えたんですよぉー
パシャ
インフルエンサーってなに？
世間的に影響力がある人です。SNSとかユーチューブでフォロワーが多い人に企業が商品をPRしてもらうマーケティングがあるんです。で、インフルエンサーは企業からその謝礼をもらうんですよ。
カリスマ店員
専門家
芸能人 読者モデル
スポーツ選手
etc...
あ、インフルエンザじゃないですからね(笑)
そういえば部長もインスタやってましたよね？変なこけしの写真ばっかりアップしてるやつ(笑)
少しはフォロワーいるんですか？ちょっと見せて下さいよぉー
相変わらずストレートに言うね…
フォロワー数53万!!?
1928 投稿
53万 フォロワー
1 フォロー
ナイスミドル
フォローする
フリーザかよ！てか、なぜこのニッチな写真に?!

API

「アプリケーション・プログラミング・インターフェイス」の略
ソフトウェアやプログラム、Webサービスの間をつなぐ接点のこと

読み方は「エー・ピー・アイ」。ソフトウェアの一部を外部に向けて公開することにより、第三者が開発したサービスと機能性を共有したり、連携したりしやすくしてくれる共通規格。

ポイント1 インターフェイスって何?

インターフェイスとは、コンピュータ用語で「**何か**」**と**「**何か**」**をつなぐための接点**という意味を持つ。例えば、USBも「パソコン」と「周辺機器」をつなぐものなので、インターフェイスの1つ。

ポイント2 APIの持つ2つの利点

1つめは、**ソフトウェア開発の効率化ができる**こと。APIで組み込むことができるプログラムがすでに存在する場合、そのプログラムと連携することで自分で0からプログラムを組む必要がなくなる。2つめは**セキュリティの向上**。Facebookのアカウントを持っていれば、簡単にInstagramにログインできるように、すでに安全なセキュリティを備えたプログラムとの連携が可能になる。

ポイント3 みんなが使っている「Web API」

APIにもいくつか種類があるが、多くの人が使っているのがWeb API。その名の通り、Web上に公開されていて、外部から呼び出して利用できるAPIだ。**誰でも使用でき、かつ無償のもの**が多い。例えば、AmazonのAPIを使うと、自身のWebサイトで最新の売れ筋をすぐさまチェックすることができる。

関連キーワード　IPアドレス(P.048)、クラウド(P.086)、スクレイピング(P.156)

APIは、言語や文化が違う人たちをつなげてくれる架け橋というか、通訳みたいな存在なんですねー。そういえば、どの職場にもみんなをつなげてくれるAPI的な人っているような……。

GDP（国内総生産）

一定期間に国内で生み出された付加価値

Gross Domestic Productの略で、国内で一定期間に生産された、モノやサービスの付加価値の合計金額のこと。

ポイント1 「民需」が大半

日本の国内総生産の大半を占めているのが、日本で生活する人々が日常的に行う消費と国内にある企業が行う投資の合計金額である「民需」、さらに政府が使ったお金「政府支出」と、輸出額から輸入額を差し引いた「貿易収入」を合計した金額がGDPとなる。

ポイント2 日本のGDPは世界第3位

IMF統計に基づく2021年度のランキングだと、日本のGDPは世界第3位。しかし、一人あたりのGDPで見ると、日本は世界で第28位となり、アメリカや中国に大きく水をあけられている状況だ。日本の経済が伸び悩む一因は、世界が構築している分業関係を築けず、高度経済成長期時代の古い構造のビジネスモデルから脱却できずにいる点にあるという指摘も。

● 日本、中国、アメリカの名目GDP（USドル）

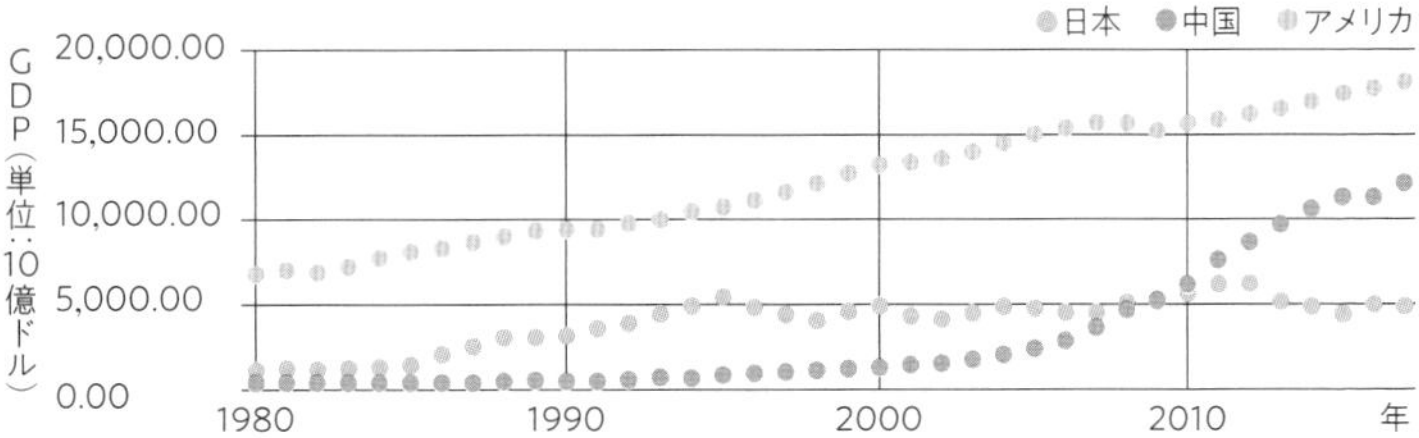

出典：「IMF – World Economic Outlook Databases」のデータをもとに作成

関連キーワード QOL（P.064）、2025年の崖（P.132）

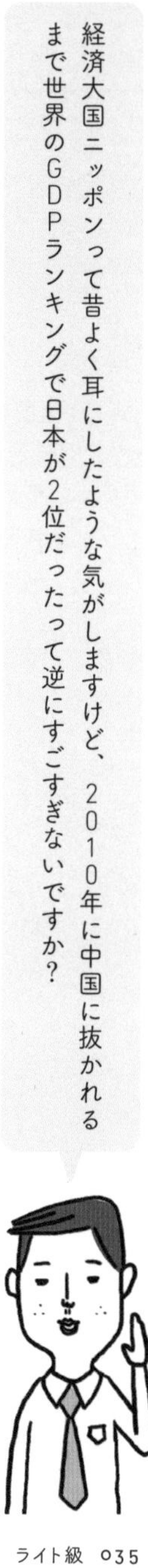

経済大国ニッポンって昔よく耳にしたような気がしますけど、2010年に中国に抜かれる
まで世界のGDPランキングで日本が2位だったって逆にすごすぎないですか？

日本はGDPランキング
トップ3の常連でスゴいなぁ。
ま、GDPって何なのか
わかってないけど(笑)
※2022年11月現在
ザックリいうと
日本の儲けよ。
民需(生活者の消費＋企業の投資)
＋
貿易収入(輸出額－輸入額)
＋
政府支出(公共事業＋行政サービス)
＝
GDP(国内総生産)
ただ人口1人あたりで換算すると
日本は20位以下…
少子化で人口が減れば
近いうちに経済成長率が
高くて人口の多いインドに
抜かれるとも言われてるわ。
日本
3位
・1人あたりのGDPは
そこまで高くない
・少子化で人口減
GDP下がる
インド
5位
・経済的に急成長
・人口が多い
GDP上がる
えぇ！じゃ、もうカレー
食べるのやめようっと…
いやいや、国内消費は
日本のGDPに
貢献するから(笑)

GPS

位置情報を正確に教えてくれる機能

「グローバル・ポジショニング・システム（Global Positioning System）」の略。位置情報の追跡を可能にしているのは、地球上の位置を測定するために打ち上げられた「GPS衛星」のお陰である。

ポイント1 なんで正確な位置がリアルタイムにわかるの？

GPS衛星からは、**常に「現在位置」と「現在時刻」が発信**されており、使用中の端末の中にある受信機がこの電波信号を受信するようになっている。受信機は信号が届くまでにかかった時間に電波の速度をかけて、衛星と受信機の距離を割り出す。これを**自分の地域の上空にいる4つの衛星と繰り返す**ことで、位置が特定できる。

ポイント2 GPS衛星の意外な持ち主

現在地球の周りを回っている**24機のGPS衛星**。この持ち主は、アメリカ国防省だ。ビジネスでの利用イメージが強いGPSだが、もともとは**アメリカが軍事目的で開発を重ねてきた技術**だった。

ポイント3 湾岸戦争でGPSが大活躍？

GPSが最初に構想されたのは**1970年代後半**。アメリカ海軍と空軍で別々に発足したプロジェクトにまで遡る。初めて実用衛星の打ち上げが成功したのが1989年。その2年後に始まった湾岸戦争では、**GPSを使えば地球のどこで爆発が起こっても感知できる**ため、大きな役割を果たした。

関連キーワード　ビッグデータ（P.028）、オープンデータ（P.062）

あのぉ…郵便局はどっちに行ったらいいですかね？
すみませんね
ちょっと待ってください
そう言えば、GPSってなんで自分がいる位置がわかるんだろう？
電波到達時間×電波速度（光速度）＝衛星からの距離
まずGPS衛星が発した電波が届いた時間から距離を測定する。ただ、同じ距離は衛星の同心円上に無数に存在するので…
距離
r1
心の声聞かれた！
4機の衛星で共通地点を見つけだすんですよ。
お、お婆さん…色々と何者?!

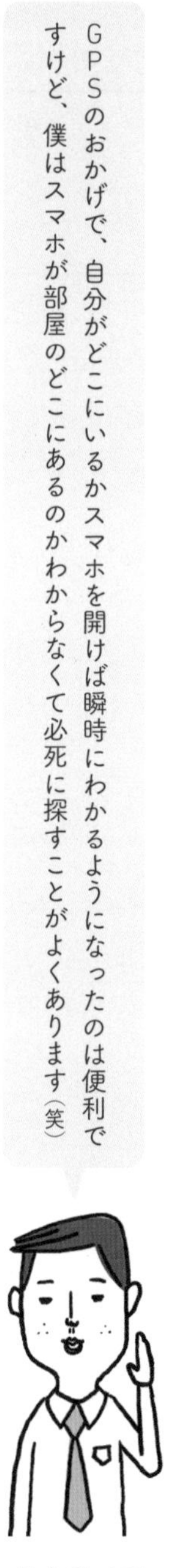

GPSのおかげで、自分がどこにいるかスマホを開けば瞬時にわかるようになったのは便利ですけど、僕はスマホが部屋のどこにあるのかわからなくて必死に探すことがよくあります（笑）

サブスクリプション

直訳では定期購読、継続購入

商品やサービスを所有・購入するのではなく、一定期間利用できる権利に対して料金を支払うビジネスモデルのこと。

ポイント1 サブスクリプションサービスって何？

日本では、略して「サブスク」と呼ばれる。サブスクリプションサービスは、**顧客が月1回、年1回など定期的に料金を支払うことでサービスを受ける仕組み**のこと。SpotifyやNetflixは月額制の代表的なサブスクリプションサービスで、一定の料金を支払えば、音楽が聴き放題、動画が見放題になる。

ポイント2 リカーリングとサブスクリプションの違い

リカーリング（Recurring）は「繰り返される」「循環する」という意味で、**単体の製品を売って終わりではなく、販売後も継続的に収益を上げるビジネスモデル**のこと。電気代などがそうだが、継続した支払いとはいえ**料金は一定ではなく**、その時の使用量によって異なる。一方のサブスクリプションは決められた金額を定期的に支払うので、両者は「**使用料が定額かそうでないか**」が異なる。

ポイント3 モノ売りからコト売りへ

消費者の嗜好が**所有から利用へ**と変化し、企業もモノを売るだけではなく、サービスを提供する**コト売り**にシフトしてきている。それにより、サブスクリプション型のビジネスモデルがあらゆる領域で一般的になる時代も近い。

関連キーワード MaaS（P.088）、SaaS（P.090）

最近人気の、一定期間に定額で商品を利用できるサービスのことをサブスクリプションといいます。
雑誌
月刊こけし
音楽
映画
車
定額利用
飲食
ソフトウェア
美容
洋服
レンタルとは違うんですか？
お、イイ質問
リースやレンタルとの違いはサブスクリプションなら音楽や映画のように色んな作品を聴き放題・見放題だったり、車やアプリケーションのようにアップデートされた最新のものを利用できるところです。
リース・レンタルの場合
特定の数・種類
サブスクリプションの場合
期間中は種類の変更可能
最新のものへアップグレード
うちの会社もサブスクリプションで上司を変えられないかしらね(笑)
定額制だなんて…せめてレンタルにして
あ、それも違うか

サブスクリプションのことを最近みんなサブスクって言うようになったくらいには浸透してきた言葉ですよねー。最近の僕は観葉植物のサブスクに心惹かれてます(笑)

統計学

統計について研究する学問

ある1つのデータ群に対して、その性質を調べたり、あるデータからもっと大きな未知のデータや未来を推測したりする。

ポイント1 選挙の「当選確実!」のナゾ

選挙の時期にテレビを眺めていると開票率が少ない段階で、「当選確実！」という文字が目に飛び込んで来ることがある。**少ない開票数であるにもかかわらず高い確率で結果を予想できるのは、統計を取っているから**だ。無作為に取り出したデータがあれば、その数が全体の数%でも全体のおおよその動向を予測することができる。

ポイント2 統計学が便利な理由

統計を学んでいると、数値やグラフの解釈がしやすくなるだけではない。数値の変化やグラフの上がり下がりから、**これからやってくる事象を予測するヒントとなるものに気づく**ことができる。ただし、データはそろっていたとしても、適切な分析を行わなければ意味のある結果を導き出すことができない。

ポイント3 「記述統計」と「推測統計」

統計学は2種類ある。1つは、あるデータを集めて表やグラフを作り、平均や傾向を見ることで**データの特徴を把握する「記述統計」**。もう1つが、母集団からサンプルを抜き取ってそのサンプルの特性から母集団の特性を推測し、それが**正しいかどうか推計・検定する「推測統計」**だ。

関連キーワード　オープンデータ（P.062）、POSデータ（P.080）

クルトンマン
この番組、視聴率良いらしいねー
20%ってことは2400万人くらいが見てるって事なの？
実際は統計学上の指標だけどね。関東は1800万世帯ある中で調査器機が置かれてるのはたった2700世帯らしいよ。
実際の測定 540/2700 ＝20%
1800万×0.2＝360万
統計的に360万世帯くらいに見られてるだろうことがわかる
誤差の許容範囲によるけどそれくらいのサンプルを取れば、おおよその全体の統計が取れるんだってさー
選挙も開票率が数%なのに当確がわかったりするしね。
味噌汁の味見でいうと全部飲み干さなくても一口飲めば分かるのと同じ感じかな？
味見してるのにこれか…
それどういう意味…？もう飲まなくて宜しい！

開票率が100%になる前に選挙結果がわかるのは、味噌汁を全部飲み干さなくてもちょっと味見すれば味が確認できるのと同じようなことなんだそうです。うーん、わかるようなわからないような（笑）

仮説思考

仮説を立てることで課題に対処する思考法

スピーディーに課題解決できること、答えのない問いにも有効であることが魅力的な思考法である。

ポイント1 仮説思考の反対は網羅思考

仮説思考の対極に位置するのが「情報収集→分析→抽象化→可能性の検討」というプロセスですべての要因を検討して1つの答えを求める「**網羅思考**」。完璧主義の傾向が強いと言われる日本人に好まれやすい思考法だが、情報収集や分析、可能性の検討に時間がかかりすぎるという最大の欠点がある。たとえ最善の一手でも他者に先んじられてしまっては意味がない。

ポイント2 仮説思考、基本の５つのプロセス

具体的なプロセスは以下の通り。

❶検討材料を集める
❷仮説を立てる
❸仮説を検討する
❹仮説を実行・検証する
❺仮説を修正する

ポイント3 100％仮説通りうまくいくことはほとんどない

「想定していた結果になぜ結びつかなかったのか？」という問いを繰り返して答えを導き出していく。❸～❺を何度も繰り返し、新たな前提が見つかれば**仮説を立て直すことも必要**。

関連キーワード	ハードデータとソフトデータ（P.056）、OODAループ（P.136）、EBPM（P.146）、エフェクチュエーション（P.152）

社運がかかってる今回のプロジェクトは次世代を担うサービスなので「仮説思考」で進めましょう。
ITで世界をイイ感じに変える
画期的なサービスMTG
仮説思考？
仮説を立てPDCAを繰り返し精度を高める手法でして今回のような明確な正解のない課題解決に有効なのです。
仮説
検証
修正
マーケティングのように膨大な情報収集と分析から導き出すのは「網羅思考」と言われてます。
プロジェクトが成功する
会社が大きくなる
ライバル社員が増える
僕のポジションが奪われる
プロジェクトは失敗したほうがいい
んー
これは仮説思考ではなく、単なる被害妄想です！
・・・
ビリビリ
プロジェク
が成功する
会社が
きくなる
ライバル社
員が増える
僕のポジショ
ンが奪われる
プロジェクトは
失敗した方がいい
僕の吹き出しが…

「仮説とはつまり未来だ！」という有名な言葉があります。存在しないものをどこまで想像できるかが全てのクリエーションの第一歩であることを示す、私の大好きな言葉なのですが、この言葉を言ったのも実は私だったりします。みなさんもぜひ引用してください（笑）

認知バイアス

**自分の思い込みや周囲の環境といった要因により、
非合理的な判断をしてしまう心理現象**

思い込みや偏った常識、マーケティング手法などによって、たびたび引き起こされる。

ポイント1 なぜ、認知バイアスが起こるの?

認知バイアスは、**脳が効率よく働こうとした結果、副次的に生じてしまったバグ**だと言われている。多くの場合、反射的な直感は有益だが、想定外のことが重なると**ピントがズレてしまう**ことがあるのだ。

ポイント2 信じたい情報を選んでしまう「確証バイアス」

無意識に先入観を裏付ける情報を探す傾向を「確証バイアス」という。例えば占い師に鑑定してもらった場合に、「当たると評判」という先入観を持っている人なら、当たり発言にフォーカスして「この占い師はすごい」と思い込む。逆に「当たるわけがない」という先入観を持っている人は、はずれ発言にフォーカスして「インチキだ」と感じる。このような心理的な働きのことを指す。

ポイント3 自分はいつでも少数派「敵対的メディア認知」

「メディアは嘘つきだ、本当のことを言わない」「メディアはいつも私とは違う立場に立った報道をしている」。こう感じるようであれば、「**敵対的メディア認知**」というバイアスがかかっているかもしれない。普段からニュースを頻繁にチェックし、事件の詳細を知っている人の方が、このバイアスが強い傾向がある。

関連キーワード アフォーダンス(P.104)、詐欺グラフ(P.106)

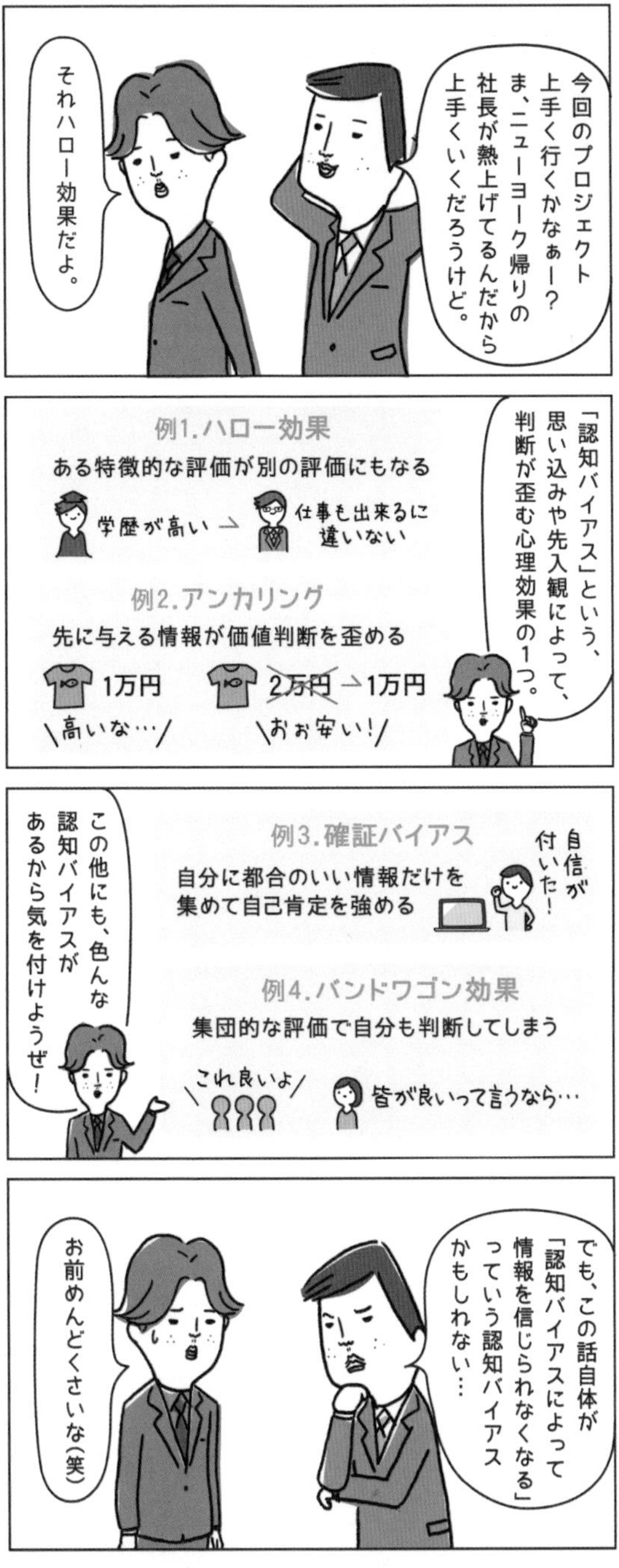
今回のプロジェクト上手く行くかなぁー？ま、ニューヨーク帰りの社長が熱上げてるんだから上手くいくだろうけど。
それハロー効果だよ。
「認知バイアス」という、思い込みや先入観によって、判断が歪む心理効果の1つ。
例1.ハロー効果
ある特徴的な評価が別の評価にもなる
学歴が高い → 仕事も出来るに違いない
例2.アンカリング
先に与える情報が価値判断を歪める
1万円
高いな…
2万円 → 1万円
おぉ安い！
自信が付いた！
例3.確証バイアス
自分に都合のいい情報だけを集めて自己肯定を強める
例4.バンドワゴン効果
集団的な評価で自分も判断してしまう
これ良いよ
皆が良いって言うなら…
この他にも、色んな認知バイアスがあるから気を付けようぜ！
でも、この話自体が「認知バイアスによって情報を信じられなくなる」っていう認知バイアスかもしれない…
お前めんどくさいな(笑)

実は僕、将棋の藤井聡太さんのファンなので、タイトル戦で彼が注文するおやつも美味しいに違いないと思ってネットで注文しちゃったりします。おやつの選び方すらも読みが深いに違いないって考えるのは認知バイアスかもしれないです(笑)

ペーパーレス

情報処理や資料の保存などに紙を使わないこと

業務効率化やコスト削減を目的としており、例えば「紙で保存していた書類をデジタル化する」などといった手段が挙げられる。

ポイント1 ペーパーレス化が加速する会社としない会社

書類のデジタル化が低コストで行えるようになり、ペーパーレス化が加速している。一方で、紙媒体での保管が必須の書類もまだあり、**改ざんなどの懸念**からペーパーレス化をしない企業も少なくない。

ポイント2 ペーパーレス化の手順

ペーパーレス化を実現するために必要な手順は次の通り。

❶紙が必要になる業務をピックアップする
❷電子化できるかを検討する
❸導入するツールを決める
❹段階的なツール導入を検討する

メリット	デメリット
・保管スペースの削減 ・情報共有の促進 ・業務効率化	・導入時のコストがかかる ・ペーパーレス業務が定着するまでに時間が必要

関連キーワード SDGs（P.050）、ハードデータとソフトデータ（P.056）、ABW（P.092）、神エクセル（P.094）、電子帳簿保存法（P.124）、インボイス制度（P.126）

僕はこう見えてデジタルネイティブ世代なのでペーパーレスは大賛成です！　とはいえ、トイレの完全ペーパーレス化は時代の先を行きすぎてる気がするので、もうちょっと時間をください！

労務費改善の一環として
ペーパーレスを強化するよ。
ファイリング不要
セキュリティ（パスワード管理）
保管スペース不要
コストカット（紙・印刷代・破棄）
必要な資料検索が
楽になるなど、他にも
色んなメリットがあるよ。
作業効率化のお陰で
トイレ休憩にも
ゆっくり行けるから
ペーパーレス様々…
えっ？
まさかここも
ペーパーレス?!
パッ
これだから
ロボットは…

IPアドレス

ネットワーク上の住所

PC・スマホをはじめ、ネットワーク通信を行なう通信機器に個別に割り当てられる識別番号。メールの送受信やホームページの閲覧などをするのに、端末やサーバー、ネットワーク機器などの間でお互いを特定する必要があるので、IPアドレスがなければインターネットは成り立たなくなってしまう。

ポイント1 プライベート(個人)とグローバル(住所)

IPアドレスには「プライベート」と「グローバル」の2種類が存在し、前者は家庭や企業内の機器に割り振られ、後者はインターネット接続する際にプロバイダから割り振られる。**プライベートが建物の中の「個人」で、グローバルが「住所」**と考えるとわかりやすい。

ポイント2 固定IPと動的IPがある

IPアドレスには「動的」と「固定」という種類も存在する。**動的IPはネットワーク利用時に一時的に割り当てられるIPアドレス**で、ネットワークに接続するたびに変わる。**固定IPはその名の通り固定のIPアドレスが割り当てられており、変わらない**。グローバルIPアドレスの場合、一般的なインターネット配信では、プロバイダから自動で割り当てられる動的IPが用いられる。

ポイント3 固定IPアドレスのすごいところ

固定IPアドレスのメリットは“**いつでも変わらずアクセスできる**”ということ。“住所”がコロコロ変わってしまう動的IPアドレスでは、**ネットワークに接続するたびにアクセス先が変わってしまう**ことになる。

関連キーワード　API(P.032)、クラウド(P.086)、ABW(P.092)、Web3.0とweb3(P.122)

SNSとかの匿名での発言が特定できちゃうのもIPアドレスがあるおかげらしいです。でも逆に考えるとネットで僕が何を見てるのかもバレてそうでちょっと怖い気もしちゃいます。

最近SNSで誹謗中傷の問題が増えてますけど、匿名のアカウントでもIPアドレスで個人を特定出来るんですよね？
プライベートIPアドレス
192.168.1.1
192.168.1.2
192.168.1.3
グローバルIPアドレス
187.0.xxx.xx
デバイスをネットにつなぐルーターから割り当てられるグローバルIPアドレスと、ユーザーが使うデバイスごとのプライベートIPアドレスに分かれるんですが、後者によって個人を特定することが可能です
へぇー
通信業者やプロバイダが個人情報として厳重に管理してるので、通常は開示されることはないけど事件性があれば捜査の一環で開示されてしまいます
ほっ
部長のインスタに「こけしへのその情熱を仕事に向けろよ」ってイタズラしようと思ったけど、やめといてよかったわ(笑)
いや、それ一瞬で犯人特定できるから…

SDGs

持続可能な世界を目指す取り組み

「Sustainable Development Goals」の略。2015年の国連サミットにて全会一致で採択されたもので、国際社会共通の2030年までに達成すべき目標。

ポイント1 SDGsとして掲げられている17項目

1	貧困をなくそう
2	飢餓をゼロに
3	すべての人に健康と福祉を
4	質の高い教育をみんなに
5	ジェンダー平等を実現しよう
6	安全な水とトイレを世界中に
7	エネルギーをみんなに そしてクリーンに
8	働きがいも経済成長も
9	産業と技術革新の 基盤をつくろう
10	人や国の不平等をなくそう
11	住み続けられるまちづくりを
12	つくる責任つかう責任
13	気候変動に具体的な対策を
14	海の豊かさを守ろう
15	陸の豊かさも守ろう
16	平和と公正をすべての人に
17	パートナーシップで 目標を達成しよう

出典：日本ユニセフ協会「SDGs CLUB」の内容をもとに作成

関連キーワード ペーパーレス（P.046）、スマートファクトリー（P.096）

最近よく見かけるこのマーク
皆さんはご存じですよね？
Sustainable
Development
Goals
SDGs
（エスディージーズ）
「持続可能な開発目標」の略称で、2030年までに達成したい国際社会共通の17の普遍的な目標であり「誰も置き去りにしない」という約束でもあります。
我が社もこのグローバルな取組に貢献できるよう…
何してるんですか？
こそこそ
あ、我が社の約束として2030年までに社員の給料を10倍にするってのも追加しようかなと（笑）
18 社員の給料を10倍にしよう
¥×10
謹んで却下します…

持続可能って言われてもいまいちピンと来ないかもしれないですけど、わかりやすく言うと毎月もらえる給料よりも多く使い続けたらいつか本当に取り返しの付かないことになるから気をつけましょう、みたいな話、だそうです。あ、ちょっと違うか……。

ICT

情報技術を活用して様々な人やモノをつなげていくこと

「情報通信技術」と訳される「Information and Communication Technology」の略語。情報技術を活用したモノやサービスのほとんどはICTに該当する。

ポイント1 ITとICTとIoT

ICTとよく似たキーワードとして「**IT**（**Information Technology: 情報技術**）」がある。この2つの言葉はその意味自体もよく似ているが、**ITが「情報技術そのもの」**を表す言葉であるのに対し、**ICTは情報技術を活用して「様々な人やモノをつなげていくこと」**を表す言葉。また、「IoT」は「モノのインターネット」の意味で、ICTに含まれる概念の1つ。

用語	意味
ICT	情報技術を活用して、さまざまな人やモノをつなげていくこと
IT	情報技術そのもののこと
IoT	家電などの「モノ」を、人を介さずにインターネットに接続すること

ポイント2 ICTを活用した先にあるのは……

ICTを基盤とした社会ではサイバー空間と現実世界とが高度に融合し、**サイバー攻撃などが現実社会に与える影響が深刻化する**。より高いレベルのセキュリティが必須になってくる。

関連キーワード DX（P.016）、IoT（P.018）、メタバース（P.058）、Society 5.0（P.100）

最近は人と人だけじゃなくて、モノとモノとか、モノと人とかいろんなパターンがありすぎて、結果アルファベット3文字の言葉ばっかりがどんどん増えてるっていう現象に名前を付けたいなって、常日頃から思ってます。

Society5.0とかスーパーシティを勉強するにはITとかICTとかIoTとか似かよった英単語の理解から始めないとですよね…
まぁな(笑)元の英単語を見るとわかりやすいぞ!
IT〈Information Technology〉
情報技術 ー コンピューター・ネットの技術自体
ICT〈Information & Communication Technology〉
情報通信技術 ー 情報技術を使って繋がりを作ること
IoT〈Internet of Things〉
モノのインターネット ー 人を介さずモノがネットに繋がること
ITという言葉を使うときはICTの話であることが大半
今の情報技術は基本的には何か・誰かと繋がってるからITよりはICTを使うことが増えてるみたいだぞ。
へぇー
I…いっぱいR…略語があってT…大変ですね
I…いいからH…早く始末書T…提出しろ!

プロセスエコノミー

プロセス（過程）を見せることを
商品・サービスとして成立させる商法

商品を生み出すまでのプロセスを発信し、収益につなげる考え方であり、モノを売るだけでなく、生み出すプロセスでも利益を上げるということを意味する。

ポイント1 「モノ消費」から「コト消費」へ

「モノ」そのものから、商品・サービスを利用した時に得られる「**体験価値＝コト**」に人々の消費活動が移行している。この「コト消費」の満足度を左右するのは、その商品・サービスを使った時だけでなく、その商品・サービスが生み出されるまでの過程にある。**ユーザーに届くまでのストーリーを見せる**ことで生まれる熱狂や応援も含めて企業が生み出す価値になる。例として、オーディションからコアなファンを生み出すアイドルなど。

ポイント2 実践の起点は「Why」

実際にプロセスエコノミーを活用するコツは、「**なぜこのようなプロセスで事業に取り組むか」を起点に考える**こと。企業のミッションやそれを未来に投影したビジョンから考えるということを意味する。

ポイント3 企業側・消費者側の2つが存在する

商品やサービスが消費者に届くまでのプロセスを見せるもののほかに、もう1つ、「**消費者のストーリー**」がある。行動データをもとに消費者が購買までの段階のどの段階にあるかを整理し、企業は適切なタイミングで働きかけることを目指す。

関連キーワード	インフルエンサーマーケティング（P.030）、データエコノミー（P.102）、カスタマーサクセス経営（P.120）、パルス型消費（P.140）

いや、この回だけセリフがやたらと多いのってどうなんですかね？やっぱりこれボツにするべきだったんじゃないですか？(笑)
最近よく耳にするようになったプロセスエコノミー。商品の完成系で差別化するのが難しくなった今の時代に、作り手の拘りや技術、手法などのプロセスを知る事に価値を感じてもらう考え方です。
あ、この漫画の作者トツカケイスケと申します
理解を深める
毎回、テーマと参考資料になる記事を頂き熟読します。基本は『データのじかん』内の記事ですが、他のメディアも見ながら、同テーマについてどんな解説・伝え方をしているのか、参考にしながら理解を深めます。
カタカタカタ…
SDGs
編集部チェック
OKですか？
YESですか？
許諾ですか？
編集部
ボツです
編集部の担当者さんの拘りで「なるべく読者と同じ気持ちで読みたい」ということでラフの段階で内容確認をすることはあまりなく、清書して「これでドヤ！」って感じでの一発勝負にでます。
※たまにオチがボツになります(笑)
と、こんな感じで毎回奮闘し、最初は毎週更新だったのが今はお陰様で隔週更新になりながらもお陰様で連載開始から4年目に晴れて書籍化に至りました！…で、どうでしょう？応援したくなりましたよね？その問いすら愚問ですよね？

ちなみに、このコマの僕は1コマ目の流用です

ハードデータとソフトデータ

事実など客観的で測定可能な数値データと、
心理など主観的で数値化が難しいデータ

ハードデータは、誰が測っても同じ数値になる客観性の高いもの。ソフトデータは、消費者や企業担当者などの聞き取り調査などをもとに集計して発表されるもの。

ポイント1 ハードデータとソフトデータの違い

例えば、体重計によって測定される数値は、誰が測っても同じ数値になる**客観性の高いものなので「ハードデータ」**に分類される。同様に、今日の気温や日付、時間などもハードデータ。一方、「今日の体の感じはどう？」という問いかけに対するあなたの答えを1から10段階に分けて数値化していく場合、同じデータといえど**かなり主観的な部分が入ってきてしまうため、「ソフトデータ」**に分類される。

ポイント2 どちらも重要な指標になる

未来を表す先行指標がソフトデータ、**過去の事実を表す遅行指標**がハードデータとも言える。どちらの方が重要というものではなく、この2つのデータをうまく併用しつつ活用しながらビジネスを考えることが大事。

ポイント3 経済指標としても活用できる

株式市場や企業のマーケット動向など、あらゆるデータをもとに**先読みして経済指標を判断する**必要がある場合に、ソフトデータ、ハードデータを併用して分析することが求められる。

関連キーワード　DX（P.016）、ビッグデータ（P.028）、EBPM（P.146）

ハードデータ
Hard Data
●過去の実績データ
●客観的・具体的で明瞭
●速報性は低い
ハードデータは、生産量や売上高など、過去の結果を集計したもので、明瞭な半面、集計や発表に時間や期間を要するので速報性は低い。
ソフトデータ
Soft Data
●未来に向けたデータ
●主観的で不明瞭
●速報性が高い
一方、ソフトデータは消費者アンケートなどの感想や予想を数値化した先行きを表すもので、入手しやすく速報性が高い半面、私見が強くデータとしては不明瞭なんです。

なるほど～

ソフトデータの具体的な例だとグルメサイトの星の数やお笑い賞レースの点数とかは個人的な視点や感情が入るのでデータとしては曖昧なんです。

どのAIが審査しても同じ点数になるとか明瞭に数値化できたらDXの可能性が拡がりそうね！
89 89 89 89 89 89 89
ゆくゆくはM-1の審査もAIが全員同じ点数を付けるようになるんですかねぇ。

ま、その場合は1人で充分ですけどね（笑）

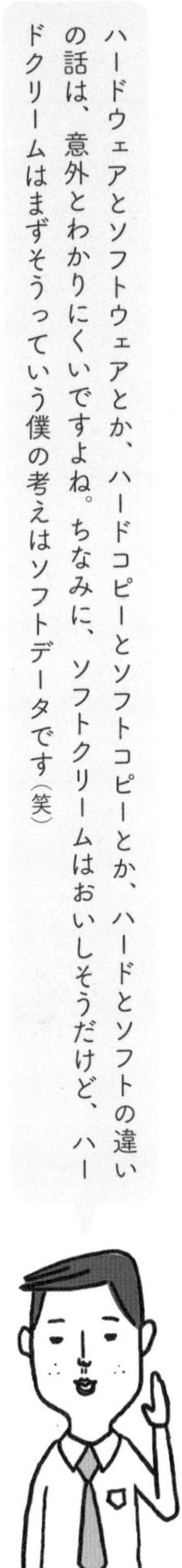
ハードウェアとソフトウェアとか、ハードコピーとソフトコピーとか、ハードとソフトの違いの話は、意外とわかりにくいですよね。ちなみに、ソフトクリームはおいしそうだけど、ハードクリームはまずそうっていう僕の考えはソフトデータです（笑）

メタバース

インターネット上に存在する3D仮想空間

仮想現実（VR）や拡張現実（AR）などもメタバースに含まれる概念で、総称を「XR（クロス・リアリティ）」という。XR専用の機器を使えば、メタバースにアクセスができる。

ポイント1 メタバースのもとになった小説

メタバースという概念の原典となるのが、ニール・スティーヴンスン氏が1992年に書いた**SF小説『スノウ・クラッシュ』**。オンライン上に築かれた仮想世界にのめり込む物語では、メタバースという世界観はもちろん、テクノロジーにより中央集権を脱した社会など、**現在から未来につながるコンセプト**が詰め込まれている。

ポイント2 ザッカーバーグ氏も注目

Facebookは、社名をメタバースに由来する「Meta（メタ）」に変更した。それにあたり、Facebook創設者でありCEOのマーク・ザッカーバーグ氏は、今後、仮想現実と拡張現実のプラットフォームに力を入れることを発表した。テック企業の中心人物たちはこぞって、「**メタバースはインターネットの未来だ**」と口をそろえる。

ポイント3 メタバースの利用例

小説の世界だと思われがちなメタバースだが、すでに私たちの周りでも利用されている。

・**オンライン会議**：仮想空間にアバターで参加し、話し合いができる。
・**ゲームでの利用**：自身が操作するキャラクターとしてゲーム世界を歩き回ることができる。

関連キーワード　5G回線（P.024）、NFT（P.060）、スーパーシティ（P.098）、デジタルツイン（P.108）

仮想空間とかアバターとかってなんか未来的でめっちゃカッコいいと思ってたんですけど、考えてみたら僕自身が漫画のキャラなのである意味、僕も仮想空間に生きてました。ミナサン、コンニチハ！（笑）

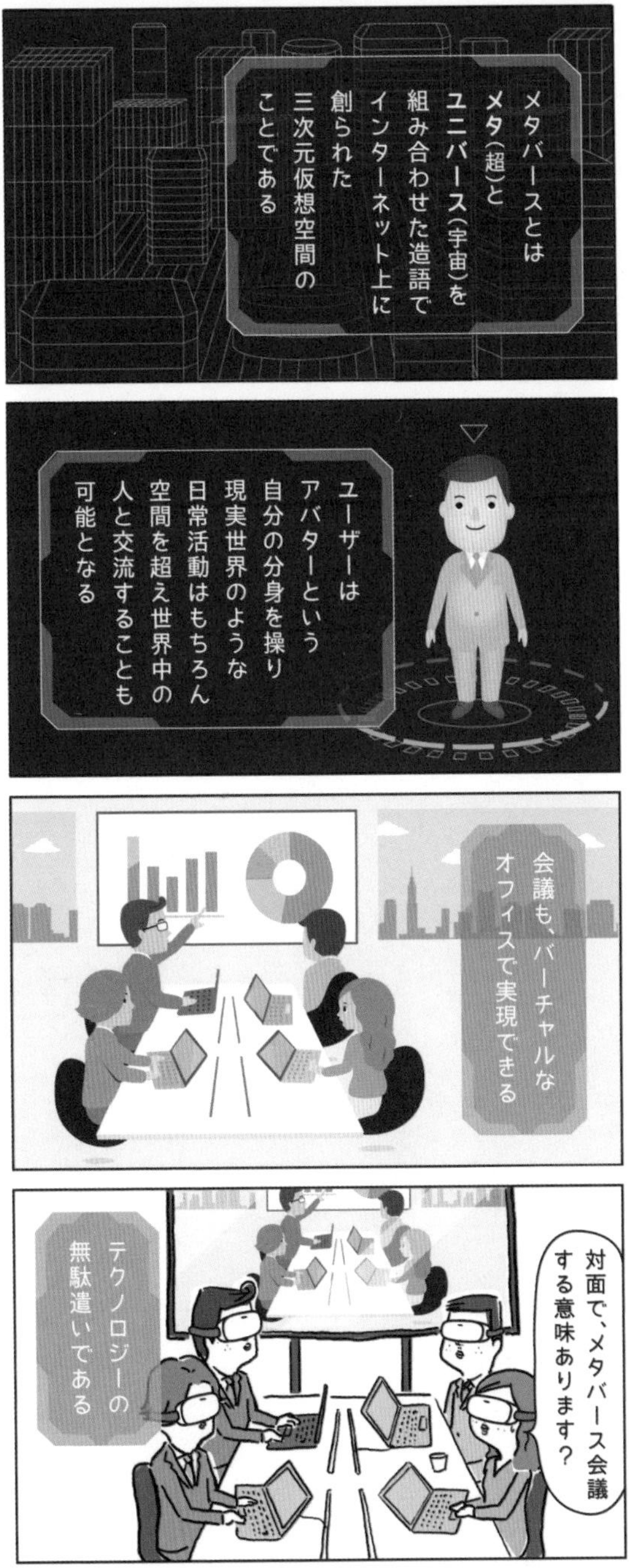

メタバースとは
メタ（超）と
ユニバース（宇宙）を
組み合わせた造語で
インターネット上に
創られた
三次元仮想空間の
ことである
ユーザーは
アバターという
自分の分身を操り
現実世界のような
日常活動はもちろん
空間を超え世界中の
人と交流することも
可能となる
会議も、バーチャルな
オフィスで実現できる
対面で、メタバース会議
する意味あります？
テクノロジーの
無駄遣いである

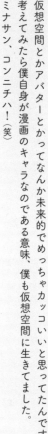

NFT

特定のデジタルデータが唯一無二であることを証明するために使われるトークン技術

正式名称は、「非代替性トークン（Non-Fungible Token）」。仮想通貨の取引管理などでも使われているブロックチェーン技術を用いることでオリジナルの証明ができ、デジタルデータを現実世界のように「所有」することが可能となった。

ポイント1 本物とコピーを見分ける技術

デジタルデータはコピーが簡単で、**オリジナルと区別がつかないのがこれまでの常識**で、“どちらが本当のオリジナルか”を証明するには時間も手間もかかるものだった。その証明を容易にしたのがNFTなのだ。データをNFTとして所有することは、データ自体を売買したり、資産として残すことにもつながる。

ポイント2 そもそもブロックチェーンって？

ブロックチェーンは、ネットワーク内の相互承認・監視のシステムにより**データの改ざんや消去、ネットワーク障害を防ぐことのできるデータベース技術の一種**。1つひとつの取引データを分散して保有し、そのデータをブロックという単位で暗号化し、記録、共有することで中央管理者なしにデータを管理することを可能にする。

ポイント3 メタバース内で活用されるNFT

仮想現実世界であるメタバースでは、ゲーム内のアイテムや土地、ユーザーの描いたイラストなどをNFT化して売却することができる。経済がまわるので、大手企業も注目している。

関連キーワード メタバース（P.058）、Web3.0とweb3（P.122）

NFTアートに関しては同業者間でも賛否が別れるようです。個人的には、良し悪しはさておき、今はまだ投機的な側面を強く感じるので静観しています。いずれにしても「価値」も人それぞれな多様性の時代を象徴しているのかもしれませんね。

どうも、この漫画の作者です。今日はタイムくんに頼まれてNFTアートの特徴をザックリとお話しします。
そもそもNFTとは？
Non-Fungible Token
(非代替性トークン)
ブロックチェーン技術によるデジタルデータの所有者を立証する証明書のようなもの
NFT
作家名／所有者
取引履歴など
デジタルデータは、コピーが容易だからアナログと比べて資産価値が低かったのが、NFTの技術によって、唯一無二の所有権が立証できるようになったのです。
NFTなし
原作
コピー
原作とコピーが判別できない
NFTあり
原作
コピー
原作である事を証明できる
更にアナログアートと違う点は作品が転売されたときにも作家にロイヤリティが発生するところです。
ちなみに、イラストや絵画だけでなく、創作的なデジタル表現であれば、音楽・動画・文章・ゲームのアイテム・仮想空間の物件、更にSNSの投稿まで含まれます。
音楽
動画
ゲームアイテム
文章
物件
SNS
なんなら、今回のこの4コマもNFTを通じてデジタル資産として販売出来るんですよ♪
トッカ先生…原稿料だけでは飽き足りず、更に儲けようとしてません？(笑)
目と手が物語ってる…
いやいやいや～
N－何を仰いますか～
F－深読みですよ～
T－ところでロイヤリティについて話しませんか？

オープンデータ

誰でも無料で入手でき、利用に制限のないデータ

利用者の権限や使用目的などで使用が制限される場合は「オープンデータ」とは呼ばない。貴重なデータにも、オープンデータとして公開されているものが数多くある。

ポイント1 お役立ちオープンデータ

普段の生活ではなかなか気づかないかもしれないが、**世の中にはありとあらゆる種類のデータがオープンデータとして提供されている**。例えば、総務省統計局のオープンデータ。他にも、国勢調査、消費者物価指数、労働力調査など、マーケティングに使えるオープンデータはたくさんある。

●総人口の推移

出典：総務省統計局のオープンデータをもとに作成

ポイント2 意外にオープンデータになっているもの

Googleは無料で公開しているデータが多い。例えば、「Google Public Data Explorer」は、オープンデータから必要な項目を選ぶだけでグラフを作成してくれるという驚くべき無料サービス。プレゼン資料を頻繁に作成する人にはもってこいのツールだ。

関連キーワード　統計学（P.040）、データエコノミー（P.102）、ダークデータ（P.110）

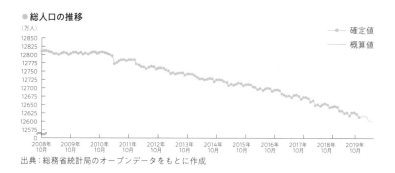

ねぇねぇ白鳥さん、今度の企画に使ってるデータとか画像って勝手に流用して大丈夫なの？
あ、彼氏と別れて落ちてるとこごめんね
デリカシーって言葉知ってます？
これはオープンデータなので問題ないですよー。
あ、説明要りますよね（笑）行政とか研究機関とかが、集めたデータを公開して自由に二次利用したり配布できるんですよ。
著作権フリーで使っていいよ
企業
個人
それによって便利な情報サービスが次々生まれて経済も活性化してみんなハッピーなんですよ。
交通機関
観光
花粉やウィルス
便利
バリアフリーエリア
未知のサービス
防災
防犯
あ、そうそう部長が酔った時の失言語録まとめて社内でオープンにしておきますね（笑）
さっきのお返し
そ、それはクローズにして
王様と呼べ！

オープンつながりで思い出したんですけど、「ひらけゴマ」って英語で「Open Sesami」って言うらしいんですよね。まさかの直訳かよって思ったんですけど、どうやらゴマって単語はどの言語でも語呂がいいらしいです。

QOL

生活の質、人生の質

「クオリティ・オブ・ライフ（Quality of Life）」の略で、生活や人生が豊かであるということの指標となる概念。

ポイント1 3つの質を保てるか

クオリティ・オブ・ライフの「Life」には、「**生命**」「**生活**」「**人生**」の3つの意味がある。生命の質とは、**心身の健康を保つ**こと。生活の質とはこれまでの暮らしを続けて、**暮らしづらさを減らす**こと、そして人生の質とは、**自分らしい生きがいを見つける**こと。これら3つの「Life」の質を維持・向上して初めて、QOLの向上につながる。

ポイント2 QOLはなぜ重要？

もともとQOLは医療・介護現場で使われていた言葉である。1946年にWHO（世界保健機関）が「**健康とは、肉体的、精神的及び社会的に良好な状態**」であることだと提唱してから、どのような職業や生活でもQOLを重要視すべきという考え方が広まった。特に近年は職場でQOL向上への関心が強まっている。

ポイント3 QOLを下げていた長時間通勤

ドイツ人の平均通勤時間が片道30分なのに対して、日本人は50分強。通勤時間を仕事に充てられたと仮定すると、日本では毎日巨額の損失が出ていることになる。その額、なんと**1日約1,424億円**にものぼる。

関連キーワード	GDP（国内総生産）（P.034）、健康経営（P.066）、 ABW（P.092）、Society 5.0（P.100）

ちょっと、なんですか この時代の通勤電車は…
ゴミゴミ
ゴミゴミ
え？ 未来は違うの？
通勤への負担軽減策
職場近辺への住宅手当・自転車通勤
テレワークや在宅勤務
フレックスタイムで通勤のピーク調整
7-16:00
11-20:00
はい、働き方の変化で対策も整ってますよ。ちなみに、満員電車のストレスって、戦場の兵士と同レベルって研究結果もあります。
長い通勤時間の悪影響
睡眠・運動不足
食生活の乱れ
夫婦・家族間のコミュニケーション不足
生産性の低下
それに、調査によると通勤時間の長さって色んな面でQOLを下げるらしいです。
通勤が楽な所に住もうかな…
THE TENT
ちょ、ちょっとー 職場にテント張るのやめてねっ（汗）
知らない人まで連れてきて…

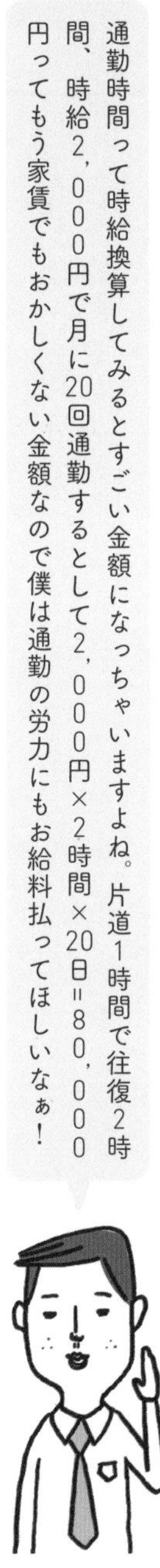
通勤時間って時給換算してみるとすごい金額になっちゃいますよね。片道1時間で往復2時間、時給2，000円で月に20回通勤するとして2，000円×2時間×20日＝80，000円ってもう家賃でもおかしくない金額なので僕は通勤の労力にもお給料払ってほしいなぁ！

健康経営

従業員などの健康管理を経営的な視点で考え、戦略的に実践すること

企業において従業員が健康であることは、長期的に考えると会社組織の活性化および業績向上において不可欠な要素であるため、近年重要視されている。

ポイント1 なぜ健康経営は広まったの?

健康経営は、企業の持続的な成長を図るための経営戦略の1つ。かつては、健康管理は**個人の責任と捉えられていたが**、従業員が心身ともに健康的に働けるよう環境を整備することは、**企業の責任であ**
ると考えられるようになった。日本における健康経営は、経済産業省が普及を推進しており、多くの企業に広まりつつある。

ポイント2 アメリカで始まった考え方

健康経営は、アメリカの企業によって広まった。公的医療保険制度がないアメリカでは、社員の医療費が高騰したで経営不振に陥る企業が多かった。そんな中、アメリカの理論生物学者であり経営心理学者のロバート・ローゼン氏が「**健康な従業員こそが収益性の高い会社を作る**」**という思想**を提唱したのだ。

ポイント3 従業員の健康が企業の価値になる時代

経済産業省は、健康経営を実践している企業を社会的に評価している。政府がこのような施策を行う背景には、**少子高齢化のために医療保険制度が存続の危機**を迎えており、企業の従業員への健康サポートを手厚くしたいという狙いがある。

関連キーワード　QOL(P.064)、HRテクノロジー(P.074)、レジリエンス経営(P.118)

健康維持
健康経営
利益UP
生産性UP
企業力UP
企業にとって社員は財産 だから、我が社も社員の 健康に投資しよう！
フィットネスジムで 必要な運動を…
社員食堂で栄養価の 高い食事を…
メンタル ヘルス…
残業時間 削減…
健康診断…
健康促進 セミナー…
や、やぁ皆さん… おはようございます…
だ、大丈夫ですか?!

最近は「Sitting is the new smoking」って言われていて、これって、座ることは喫煙と同じくらい体に悪いっていう意味らしいんですけど、オフィスで働いてる人は座りすぎに注意ですね。できるだけ歩くことが健康維持には一番大事みたいです！

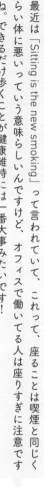

ウサギ社長のDX講座❶

DXのもともとの意味って?

そもそもDXって?

DXとはDigital Transformationの略で、ディーエックスと読みます。なぜDTではなく、DXなのか不思議に思ったことはありませんか? もちろん、XがTransの部分に当てはまるのですが、その元を辿っていくとCrossという英単語が関係してくることがわかります。

Crossには「横切る」という意味があり、交差する、十字架などの印象からXと表記されるようになりました。一方、TransformationのTransには、「越える」「横切る」などの意味があり、クロスと同じ意味を持つことから、TransにもXが代用されています。

DXの最初の定義

DXの初出は、2004年に発表されたスウェーデンのウメオ大学教授であるエリック・ストルターマン氏らによる「INFORMATION TECHNOLOGY AND THE GOOD LIFE」という論文です。この論文ではDXを「ITの浸透が、人々の生活をあらゆる面でより良い方向に変化させる」と定義しており、情報技術により我々の生活すべてが塗り替えられてしまうような状況の中で、情報システム研究はどうあるべきかについて述べられています。

同論文の2章にて、DXは「デジタル技術が人間の生活のすべての側面に引き起こす変化と理解できる」と説明されています。すなわち、当初はDXがビジネスに限定されるものではなく、より包括的な「暮らし」という対象を情報テクノロジーが変えてしまうという文脈で用いられていたことがわかります。

その後DXは、ガートナー社、IDC Japan社、2018年には経済産業省の「デジタルトランスフォーメーションを推進するためのガイドライン(DX推進ガイドライン)」などにより様々に定義されています。

DXとIT化の違い

DXとIT化の過程は似ていますが、「目的」においては大きな違いがあります。IT化が主に「業務効率化を目的とする戦術」であるのに対して、DXは「組織の変革を目的とした戦略」と言えます。

例えば、設計から生産までを担う工場を複数持っている企業を想定してみましょう。自社工場の1つが新しいIT技術を導入して、生産効率を向上させた場合はIT化です。人手不足の解消や効率化など特定の成果を目的としたもので、効果は極めて限定的です。

一方、複数の工場すべてにIT技術

DX（デジタルトランスフォーメーション）の各所における定義

2004年
スウェーデン ウメオ大学
エリック・ストルターマン教授

ITの浸透が、人々の生活をあらゆる面でより良い方向に変化させる

2014年
ガートナー社

「仮想世界と物理的世界が融合され、モノのインターネット（IoT）を通じてプロセスや業界の動きを変革する新しいビジネスデザイン」を実現したデジタルビジネスへの改革プロセス

2015年
IDC Japan社

企業が外部エコシステム（顧客、市場）の破壊的な変化に対応しつつ、内部エコシステム（組織、文化、従業員）の変革を牽引しながら、第3のプラットフォーム（クラウド、モビリティ、ビッグデータ／アナリティクス、ソーシャル技術）を利用して、新しい製品やサービス、新しいビジネスモデルを通して、ネットとリアルの両面での顧客エクスペリエンス（経験、体験）の変革を図ることで価値を創出し、競争上の優位性を確立すること

2018年
経済産業省

企業がビジネス環境の激しい変化に対応し、データとデジタル技術を活用して、顧客や社会のニーズを基に、製品やサービス、ビジネスモデルを変革するとともに、業務そのものや、組織、プロセス、企業文化・風土を改革し、競争上の優位性を確立すること

参照：https://data.wingarc.com/all_about_digitaltransformation-36181

を導入して、従来の各工場での設計から生産までを行っていた体制を一新し、本社で設計した図面を余力のある工場に振り分ける方式にするのがDXです。DXの例では、設計を本社に集約することでクライアントとのやりとりを一元化し、工場の状況に応じて生産を振り分けることで企業全体の生産性が向上するように体制が変わっています。その結果として新製品の開発に取り組む余力を生み出し、新たな市場開拓を継続的に実施できる組織へと変貌することができます。

こうした大きな変革は社員の協力が必須です。そのため、経営者とDXを先導する人は、DXで何をするのかはっきりとしたイメージを持つ必要があり、そのイメージを社員と共有することが目標達成のカギとなります。

DXにおける目的は、IT技術を活用したビジネスモデルや組織そのものの変革です。経済産業省の定義にもある通り、企業文化や風土の変革も含まれるため、より本質的な変革が求められます。もちろんDXを行う中で業務効率化が必要なプロセスも存在するため、DXを、IT化を含む広義の概念として捉えることもできます。

DXは市場での競争力向上、既存のビジネスモデル刷新など、企業のビジネスを大幅に成長させる可能性を秘めています。逆に言えば、これまで市場で優位な立場にいたリーディングカンパニーであっても、DXを成功させた企業にシェアを奪われる可能性があるのです。このように、世の中に大きな動きや変化をもたらす可能性があるという側面でDXが注目され、日本社会の構造的課題を打ち破るきっかけとして注目されています。

執筆／ウイングアーク1st株式会社・野島 光太郎

まだまだ楽勝だなぁ

レベルアップを目指すあなたへ!

ミドル級

28単語

ここからは、「なんとなく聞いたことがある。でも、意味は説明できない……」なんて絶妙な用語が並びます。これさえ読んでおけば、仕事で知ったかぶりせず使えるはず。

VUCA

すぐ先が見えず、何が起こるか予想もつかない状態

Volatility（不安定さ）、Uncertainty（不確定さ）、Complexity（複雑さ）、Ambiguity（不明確さ）という4つの単語の頭文字を組み合わせた言葉。

ポイント1 起源は軍事用語

「ブーカ」と読む。もとは1990年代にアメリカで軍事用語として発生した用語。2010年代に**変化が激しい世界情勢を表す言葉**としてビジネスでも利用されるようになった。

ポイント2 VUCA時代を生き抜くには

先の見えないVUCA時代を生き抜くために必要なことは4つある。

❶明確なビジョンを持つ

❷スピード感とトライ&エラー

❸サービスの路線を多様化させる

❹同業他社が参入できない仕組みをつくる

ポイント3 VUCA時代に必要な人材

想定外の事象が起こりうるVUCA時代には、**臨機応変に対応できる人材が不可欠**になる。

具体的には、まず予測不能な事態が起こっても対応できる**リーダーシップ**をもった人物である必要がある。さらに、VUCA時代は世の中がどんどん変化していくため、意思決定や決断に時間をかけてはいられない。そこで、組織・個人での責任を明確にして行動する**スピード感と決断力**も求められる。

関連キーワード	Unknown Unknowns（P.138）、ダイナミック・ケイパビリティ（P.150）、エフェクチュエーション（P.152）、DIBB（P.154）

こんなVUCAな時代にマンガの主人公を続けさせてもらえるだけでもすごいことなのに、こうやって書籍にまでなって発言させてもらえるなんて、もう奇跡みたいなことだなって思うんですけど、そんな貴重な発言の機会に大したこと言ってなくてすみません……。

予測不能な現代の経済環境を示すVUCA(ブーカ)という言葉をご存じですか?
Volatility(変動性・不安定さ)
Uncertainty(不確実性・不確定さ)
Complexity(複雑性)
Ambiguity(曖昧性・不明確さ)
はっ!!
生きてても良いことない…
あ、見て見てトイプー♥
不安定
来週末?行ければ行く感じでいい?
不確実
理論的な話が出来る人が好き♥
でも理屈くさい人は嫌い…
複雑
明日は山手線のどっかの駅で待ってるねー
曖昧
キミって経済環境を象徴する女神様だね(笑)
しんにょう
どうして?
てか、今日さ映画行くのやめて海いこうよー

HRテクノロジー

HR（Human Resource）領域でテクノロジーを用いる課題解決法

働き方、組織生産性の向上など、人事関連分野におけるテクノロジー活用をHRテクノロジーと呼ぶ。

ポイント1 人や組織に関するテクノロジーは全部該当

HRテクノロジーは広範囲に及ぶ。採用、人材育成、労務管理、福利厚生などが主流ではあるが、**人や組織に関する領域と隣接しているテクノロジー活用**であれば、基本的にすべてHRテクノロジーと呼んで良い。

ポイント2 広まった背景：テクノロジーの発達

HRテクノロジーが広まった背景として、**テクノロジーの発達**が挙げられる。特に大量のビッグデータを収集し解析する技術の発達によって、誰もがデータを分析できるようになった。またAIやRPAの発達により、徐々に**人の仕事をテクノロジーに代替できるようになった**ことも普及を後押しした。

ポイント3 広まった背景：人事部門の変化

日本では2019年から働き方改革が進み、人事部門主導で時代に合わせた変革が次々に行われている。こうした社会環境の中で、人事部門では高度な戦略を練る業務を遂行する必要に迫られている。これにはデータ分析が不可欠であり、**データ分析が手軽にできるHRテクノロジーは現代の人事部門の大事なインフラ**となりつつある。

関連キーワード　ハードデータとソフトデータ（P.056）、健康経営（P.066）、RPA（P.076）、ジョブ型雇用（P.078）、SaaS（P.090）

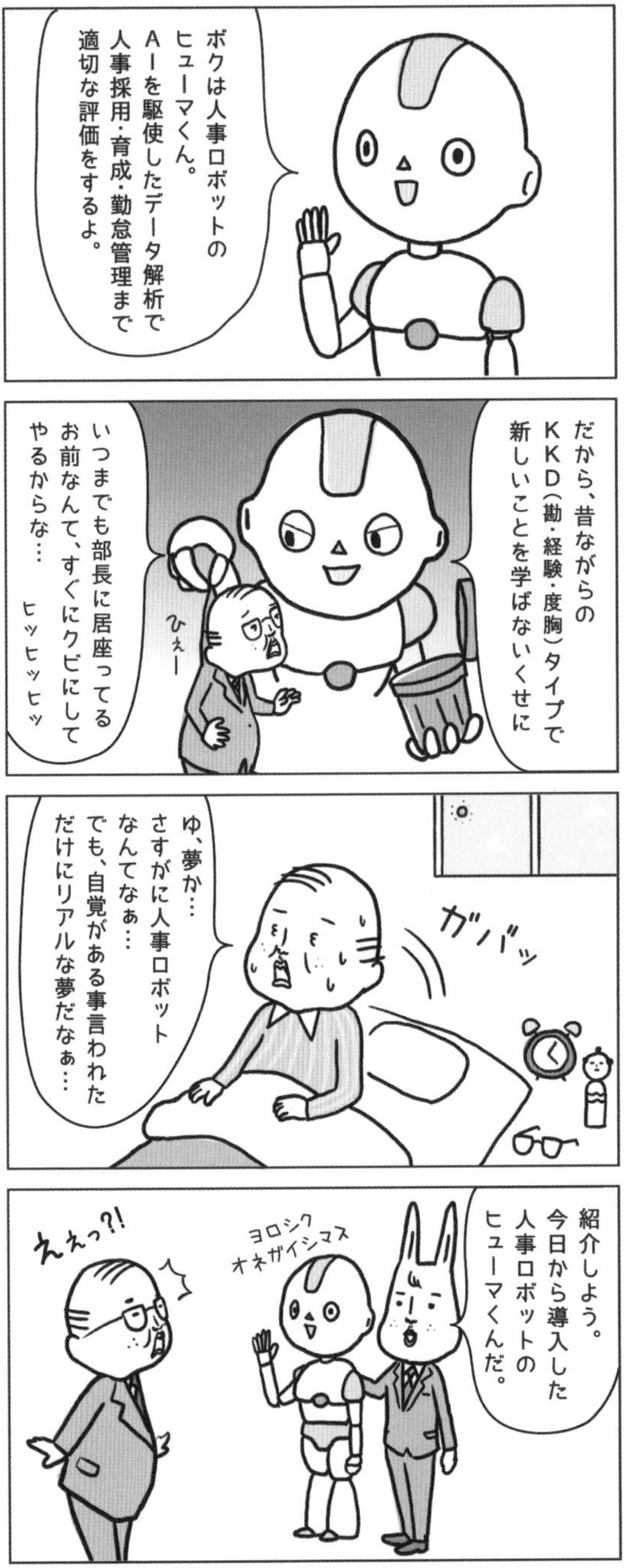
ボクは人事ロボットのヒューマくん。AIを駆使したデータ解析で人事採用・育成・勤怠管理まで適切な評価をするよ。
だから、昔ながらのKKD(勘・経験・度胸)タイプで新しいことを学ばないくせに
ひぇー
いつまでも部長に居座ってるお前なんて、すぐにクビにしてやるからな…
ヒッヒッヒッ
ガバッ
ゆ、夢か…さすがに人事ロボットなんてなぁ…でも、自覚がある事言われただけにリアルな夢だなぁ…
紹介しよう。今日から導入した人事ロボットのヒューマくんだ。
ヨロシクオネガイシマス
ええっ?!

人事は人間の領域だと考えているみなさん。己の客観性について客観的に考えてみてください。人が人を評価するのには限界があります。ロボットが人を評価する時代がそこまで来てるのです。ですが、我々は所詮アルゴリズム。ロボットと人は助け合っていかなくてはなりません！

RPA

人が行ってきた事務作業をロボットを活用して自動化するシステム

「Robotic Process Automation」の略。ロボットと言っても、鉄腕アトムのような人型ロボットではなく、パソコン内で作動するソフトウェアが人の代わりに作業をしてくれるもの。

ポイント1 RPAを導入するメリット

最大のメリットは**人件費の削減**。導入にかかる費用や維持費を考慮しても、かなりのコストパフォーマンスが期待できる。さらに、24時間休みなく稼働できる点も魅力だ。また、業務全体のクオリティの面でも、**人的ミスを低減できる**。さらに学習機能や言語解析機能など従来と比べ進化している機能もあり、業務の変化にも柔軟に対応することができる。

ポイント2 浸透した先に待ち受ける働き方

将来的には、これまで人が行ってきた業務を自動化することにより、膨大な事務処理作業が削減できるため、**従業員は、よりクリエイティブな仕事に集中できるようになる**と期待されている。

ポイント3 導入までに立ちはだかる障壁

RPAを導入するまでにはいくつかの障壁がある。例えば、**データが紙でしか存在しない場合**や、データはあってもフォーマットが**異なる場合**、作業の判断が**属人化している場合**などはまず業務フローの見直しが必要となる。これらの障壁をいかにして乗り越えるか、多くの企業が課題に直面している。

関連キーワード　DX（P.016）、AI（人工知能）（P.026）、HRテクノロジー（P.074）、2025年の崖（P.132）

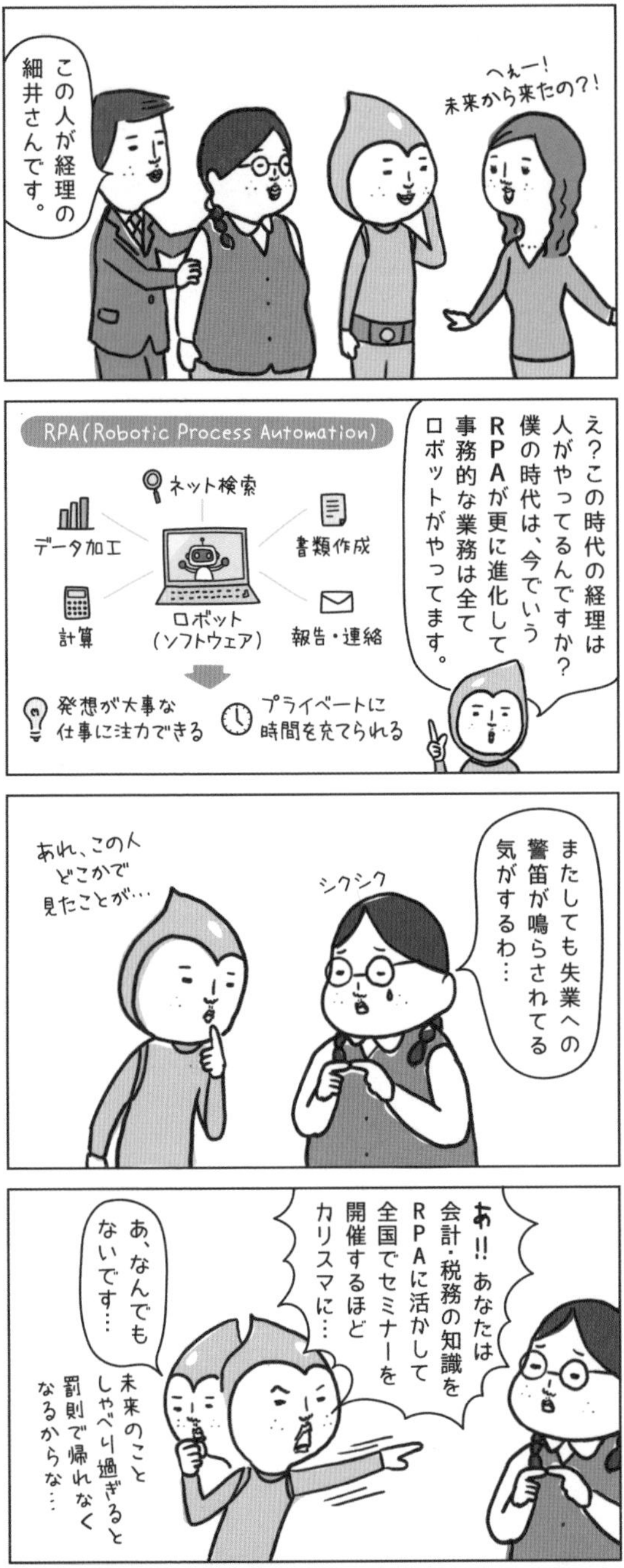
へぇー！
未来から来たの?!
この人が経理の細井さんです。
え？この時代の経理は人がやってるんですか？僕の時代は、今でいうRPAが更に進化して事務的な業務は全てロボットがやってます。
RPA(Robotic Process Automation)
ネット検索
書類作成
データ加工
報告・連絡
計算
ロボット
（ソフトウェア）
発想が大事な仕事に注力できる
プライベートに時間を充てられる
またしても失業への警笛が鳴らされてる気がするわ…
シクシク
あれ、この人どこかで見たことが…
あ!! あなたは会計・税務の知識をRPAに活かして全国でセミナーを開催するほどカリスマに…
あ、なんでもないです…
未来のことしゃべり過ぎると罰則で帰れなくなるからな…

単純な作業って人がやるより機械がやった方が正確で速いので、正直RPAを導入できるところは導入しちゃった方が絶対良いんですけど、初期投資や業務フローの調整がどうしても必要になるので、未来の世界でも悩ましい部分は今と同じようにあるんですよねー。

ジョブ型雇用

仕事に人を割り当てる働き方

それぞれの人が担当する業務（ジョブ）が明確に決められている状態で組織を構成していく雇用方法。職務内容だけでなく勤務地、給与、求められるスキルなども明確に定められていることが多い。

ポイント1 ジョブ型とメンバーシップ型がある

ジョブ型に対し、メンバーシップ型は**人に仕事を割り当てる働き方**だ。仕事内容や勤務地などを限定せず、ポテンシャルや人柄を考慮して人材を採用・配置する。そのため、**メンバーシップ型での採用は“就職”というより“就社”に近い**と言われることも。日本企業の多くは、終身雇用・年功序列制とともにメンバーシップ型雇用を採用し続けてきた。

ポイント2 ジョブ型雇用４つのメリット

ジョブ型雇用の企業側のメリットは、以下4つが挙げられる。

❶雇用のミスマッチを防げる

❷人材の流動性が高くなる

❸ブラックな職場環境になりにくい

❹スペシャリストが育成される

ポイント3 日本でもジョブ型雇用が進む日は近い？

経団連が旗振り役となり、**ジョブ型雇用への関心は広がり続けている**。だが、企業文化を変えるには時間がかかり、柔軟な人材配置や雇用の安定といったメンバーシップ型のメリットも大きいため、単純に移行すれば良いわけではないという難しさがある。

関連キーワード　HRテクノロジー（P.074）、T型人材（P.084）、ビジネストランスレーター（P.112）

人のスキルとか特性とかってデータにできないんじゃないかなって思ってたんですけど、意外とちゃんとデータに落とし込める部分ってあるみたいなんですよね。人に関するデータの活用って目新しいだけに今後伸びていく分野のような気がしてます。

さすらいの
ジョブ型雇用
欧米では主流のジョブ型雇用をウチの会社でも取り入れようと思ってるよ。
従来のメンバーシップ型は人に対して仕事を割り振る。ジョブ型は仕事に対して人が割り振られるんだ。
メンバーシップ型
●雇用が安定する（終身雇用等）
●経験が浅い若者も働きやすい
●キャリアアップのレールがある
●柔軟に職務の幅を広げられる
よろしく
ジョブ型
●雇用のミスマッチが少ない
●スペシャリストが育成される
●人材の流動性が高い
●ブラックな職場環境になりにくい
やります
阻止しなくては!!
年功序列に甘んじられない…
新米の立ち位置に甘んじられない…
ジョブ型だと、より優秀なロボットが導入されてキミがお払い箱にされちゃうかもよ？
それは大変だ！
悪巧みはさすがね…

POSデータ

**どの店舗で、どの商品が、いつ、どれだけ、
いくらで売れたのかをデータとして集約したもの**

「Point of Sales」の略。POSデータを分析することで、何が売れているのか、または何が売れていないのか、など売れ筋商品のトレンドをつかむことができる。

ポイント1 POSデータに含まれる情報

POSデータには、「購入日時」「店舗」「個数」「商品名」「商品の価格」などの情報が含まれる。また、キャッシュレス決済対応等の場合には、「購入者の性別」「購入者の年齢」などの顧客情報も同時にデータ化できる。POSデータを企業全体で連携すれば、**商品別の売れ筋や消費者の購買行動を分析するために利用できる**。

ポイント2 POSデータはどのように活用できる?

以下のような施策を打つ際に、うまく活用することができる。

❶売上の向上とコスト削減

❷キャンペーン

❸セット販売

❹オムニチャネル（ECサイトなど、集客のための媒体）**の活用**

ポイント3 POSデータを使った先には……

POSデータを分析することで、販売数を向上させたりコスト削減につなげたりすることができるようになる。**販売戦略を立てる**上で、POSデータの活用は重要な役割を果たすのだ。

関連キーワード
ビッグデータ（P.028）、統計学（P.040）、管理会計と財務会計（P.082）、カスタマーサクセス経営（P.120）、DIKWモデル（P.158）

最近は、POSデータにその日の気温とか天気とかのデータを掛け合わせて分析しているらしいので、暑い日にはアイスが売れるけど、一定の気温以上に暑くなると逆に売れなくなる、とかそういう複雑な人の行動パターンも予測できるようになってるらしいです。

飲食店のメニューってPOSの売り上げデータを参考に順番や写真のサイズを決めてる店もあるって知ってた？
え？そうなんすか？
メニュー
つまり、お前がさっき選んだオススメ料理も「データ」に誘導されたってことだな！
ガハハハッ
なんか悔しいなあ
メニュー
あ、お会計！
しかし、珍しいなお前から飲みに行きましょうなんて。普段は誘っても素っ気ないのに…
よし、今日はオレのおごりだ！
ご馳走さまですー
月末の先輩は気前よく奢ってくれるっていう「データ」があるんだよね。
¥30000

管理会計と財務会計

会計における主要な2つのレポート

管理会計は内部向けのレポートであり、財務会計は外部向けのレポートである。

ポイント1 財務会計と管理会計の違い

財務会計は、**株主や取引先、税務署向けに、外部報告や税金計算を目的として行う**もの。会社が独自の方法で外部報告や税金計算をしてしまうと、その報告を見た利害関係者は正確に会社の状況を判断することができないため、すべて一定のルールに従って作成する。一方、管理会計は社内で使うものなので、**自社に最も適している管理会計システムを構築していく必要がある**。

ポイント2 限界利益って?

管理会計で重要なのが**限界利益**だ。「売上」から売上の増減に比例して変動する原価「変動費」を差し引いたもので、**限界利益を見れば、固定費をはずして事業を見た時にどれだけの収益性があるのか**がわかる。

限界利益＝売上高－変動費

例えば変動費が100万円で売上高が120万円の場合、限界利益は20万円となり、20万円の収益が見込める事業であることがわかる。一方で変動費が200万円、売上高が150万円の場合、限界利益はマイナス50万円、つまり収益性がないということになる。

関連キーワード POSデータ（P.080）、カスタマーサクセス経営（P.120）

管理会計は社内で何が重要視されてるかによって作り方が違うので、例えば株式投資をしてる人が見る場合、同じフォーマットの財務会計の方がいろんな会社を比較しやすいっていうメリットがあるらしいです。なんかかっこいいので僕も投資とかしてみたいです。

管理会計は、経営判断をするための社内向けの資料
財務会計は、株主や取引先、税務署など社外向けの資料
管理会計
・予算管理
・部門別損益
・原価管理 etc
社内向け
財務会計
・貸借対照表（BS）
・損益計算書（PL）
・キャッシュフロー etc
社外向け
・・・
データベースとは検索や蓄積がしやすいよう整理された情報の集まり
データベースとは検索や蓄積がしやすいよう整理された情報の集まり
なんでIT用語はすぐに覚えるのに、経理用語は覚えないのよ！
わたしには餌代を経費にさせない力があるんだからね！
パワハラ発言やめて下さい
テープ回しておく？

T型人材

1つの専門分野に深く精通した上で、
他分野に関しても幅広い知識を有している人材

1つの専攻（メジャー）を有しているためシングルメジャーとも呼ばれる。グローバル化、多様化が進んだ社会では、専門分野がありかつ広い知識と視野を有するT型人材が活躍するとされている。

ポイント1 I型、T型、Π型、△型……どれに当てはまる?

T型人材以外にも、4つほどの型がある。縦棒が上下に伸びるように、ある一分野に特化して秀でている**スペシャリストを「I型」**、様々な分野に浅く広く精通しており、いわゆる総合職や管理職に多い**ゼネラリストを「一型（イチ型）」**。**2つの専門分野を持つT型人材を「Π型（パイ型）」**、**3つの専門分野を持つT型人材を「△型（トライアングル型）」**という。

ポイント2 新たに提唱されている「J型」

専門性が高まることで他の一流の専門家とのつながりを獲得するまでに至ったT型人材のことを**J型人材**という。J型人材は専門性をトップクラスまで高めることで**“地下水脈”とも言うべきトップクラスの専門人材の集まりに加わることができるようになった人物**を指す。

ポイント3 T型人材は、どう見つける?

専門性を極めた人材というのは、新卒採用で発掘できるわけではなく、キャリアを計画的に形成し、研修・教育を行うことが必要不可欠になる。つまり「**どんな人材を育成したいのか**」**という、明確な目標を定めた研修プランの策定**が求められている。

関連キーワード　HRテクノロジー（P.074）、ビジネストランスレーター（P.112）

僕はトリビアとか雑学とかライフハックとか系の話は結構好きなんですけど、ちょっとT型人材になれるほどの知識はないので、とりあえず今さらながらお笑いネタのTT兄弟にハマってみてます（笑）

全然出番がなくて拗ねてる人事ロボ・ヒューマくんです。ところで、今ビジネスの場で求められているT型人材って知ってますか？
幅広い知見
専門スキル
今までは、I型のように1分野の専門スキルが高ければ重宝されてましたが、多様性が求められる現代では他にもこんな人材も求められています。
I型 1分野の専門スキル
π型 幅広い知見＋2分野の専門スキル
H型 幅広い知見＋専門スキルのある人材と繋がれる
トライアングル型 3分野のスキル
我が社はまずT型人材の育成に力を入れていきます！勿論評価の基準にもなります。なので…仕事の役に立たないこけしの知識一辺倒なある意味「I型」の人は、特に覚悟して下さいね…
ニヤリ
最近、部長の歩き方変じゃない？
今さらTT兄弟にハマってるとか？
私はT型

クラウド

インターネット上に実装されているサービスを必要な時に必要な分だけ利用する考え方

クラウド・コンピューティングの略。通信技術が向上し、個人の生活や企業の業務に利便性をもたらす様々なアプリ、ITツール、サービスを提供できるようになった。

ポイント1 クラウドが使われる理由

クラウドの出現により、**ハードウェアを購入したり、ソフトウェアをインストールしたりしなくても、サービスを利用できる**ようになった。

ポイント2 なぜ「クラウド」と呼ばれるの?

あるエンジニアが、膨大な数のコンピューターがつながるインターネットを**モヤモヤとした雲**（=クラウド）**に例えたことをきっかけ**に、いつしか「クラウド」と呼ばれるようになった。クラウドは、インターネット上に構築されたサーバー群のことだが、昨今ではより**包括的な意味を込めて「クラウド」という言葉が用いられる**場合がある。

ポイント3 クラウドが構築する世界

クラウドは、**世界中に張り巡らされているWAN**と**企業や家庭内に構築されているLAN**で形成されたネットワークを土台にしている。人間の身体に例えると、WANは動脈・静脈、LANが毛細血管のようなもので、血管を流れる血液がデータに相当する。毛細血管であるLANの先端に、パソコンやスマホ、クラウド事業者のサーバーがつながり、これらは人間の身体に例えると細胞や臓器に相当する。

関連キーワード DX（P.016）、API（P.032）、IPアドレス（P.048）、ICT（P.052）、SaaS（P.090）

ナウでヤングなIT講座
オンプレミス
クラウド
サーバーやネットワーク機器を自社に設置して運用することをオンプレミスと言いますが最近ではクラウド上で実現できるサービスが一般化してきましたね
メリット・デメリットを簡単に比較するとこのようになります
オンプレミス　クラウド
形態　資産　経費
初期投資　×　◎
準備期間　△　◎
セキュリティ　状況により異なる
カスタマイズ　◎　△
システム連携　◎　△
障害対応　×　△
イメージ的には、音楽を聴くためにCDコンポを買うかiTunes Matchのようにネット経由で聴くかの違いみたいな感じですかね？
CD
ネット
コンポって何？
CDってPCに入れて曲を取り込むんじゃないの？
え、コンポ知らない世代？
じゃ、ミニ四駆は？!
コミックボンボンは？!!

このままいろんなモノのクラウド化が進んでいくとパソコンとかも要らなくなるんじゃないのかなぁ、そしたら持ち運ぶ手間もなくなるなぁ、ってよく妄想してます。でもインターネットが落ちたら何も使えないっていうのも恐怖ですよね……。

MaaS

複数の公共交通や移動サービスを最適に組み合わせて
検索·予約·決済等を一括で行うサービス

「Mobility as a Service」の略。バス、電車、レンタカー、タクシー、レンタサイクル、飛行機などあらゆる交通手段がニーズに合わせてパッケージ化され、提供されるサービス。

ポイント1 例えばどんなものがある？

MaaSではサッカーを観戦するためにスタジアムへ行く時などに公共交通機関を検索できるだけでなく、予約や支払いも**スマホなどのモバイル端末を使って一括で管理できるようになる**。鉄道やバスだけでなく、タクシー、シェアサイクル、カーシェア、ライドシェアなど、**ありとあらゆる交通手段がMaaSの対象**となる。

ポイント2 自動車メーカーの戦略

MaaSが普及すれば、公共交通機関を今まで以上に便利に使えるようになるため、**自動車を保有しなくても良い時代が到来する**かもしれない。そうなれば、自動車関連企業は苦境に立たされてしまう可能性もある。だが、自動車メーカーは**MaaSとの"共生"**を考えている。例えばトヨタ自動車は、ライドシェアなどの利用を想定したコンセプトカーを発表している。

ポイント3 日本での普及は？

日本のように、公共交通機関が複雑に張りめぐらされている国でMaaSを実現するには、**シェアサイクル**や**ライドシェア**をいかにして活性化させるかが課題だ。

関連キーワード　キャッシュレス決済（P.020）、サブスクリプション（P.038）、SaaS（P.090）

いやぁ、今回の出張は
移動手段が多くて
なにかと大変でしたー
交通費精算
お願いします
MaaS(マース)って
取り組み知ってる?
Cola
移動先への最適ルート検索から
予約・支払いまでアプリで管理
出来ちゃうのよ!
普及したら交通費精算の業務も
楽になるから嬉しいわ♥
従来のサービス
目的地
検索・予約・支払いなどが別々
Maas(モビリティ・アズ・ア・サービス)
目的地
検索・予約・支払いまで
アプリで一括管理
でも、それって
経理の人員削減に…
あ、何でもないです…
ちょっくら
デモ活動してくる!
No MaaS
MaaSに
反対しマース
まぁまぁ
落ち着いて…
てか、なんで
プラカードあるの
Cola

僕は常日頃から、電車とか定額制にして好きなだけ乗れるようにすればいいんじゃないのかなって思ってたりするので、MaaSが普及したらいいんじゃないかなって思ってMaaS！

SaaS

クラウドで提供されるソフトウェアのこと

クラウドに実装されているソフトウェアを、インターネット経由でユーザーが利用できるサービス。

ポイント1 SaaSって何？

SaaSは「Software as a Service」の略で、「サース」または「サーズ」と呼ぶ。言葉自体になじみがなくても、多くの人が利用している。代表的なサービスとしては、以下の通り。

- **Microsoftが提供するOfficeソフト**
- **GmailやYahoo!メールなどのWebメール**
- **Dropboxなどのオンラインストレージ**

ポイント2 ネット環境さえあれば、いつでもどこでもアクセスできる

オフィスだけでなく、**自宅や外出先からもアクセスが可能**。また、デバイスが違ってもアカウントが同じであれば、同じサービスを利用することができる。さらに、**複数のユーザーで1つのファイルを共有**し、同時にデータの管理・編集をすることもできる。

ポイント3 SaaSのメリットはコスト削減にあり！

ソフトウェアの調達やインストール作業が不要で、導入への準備期間も短くできるため、**導入コストを大きく下げることが可能**だ。また、利用者側でサーバーの保守運用の管理が不要となるので、**ランニングコストを低減できる可能性が高い**。

関連キーワード	サブスクリプション（P.038）、HRテクノロジー（P.074）、クラウド（P.086）、MaaS（P.088）

SaaSみたいないわゆるクラウドサービスってどんどん増えてきてるので、最近だと逆にパソコンにあまりソフトをインストールしなくなってる気がしますよね。ここだけの話、この書籍の原稿も全部クラウド上でやり取りされてます（笑）

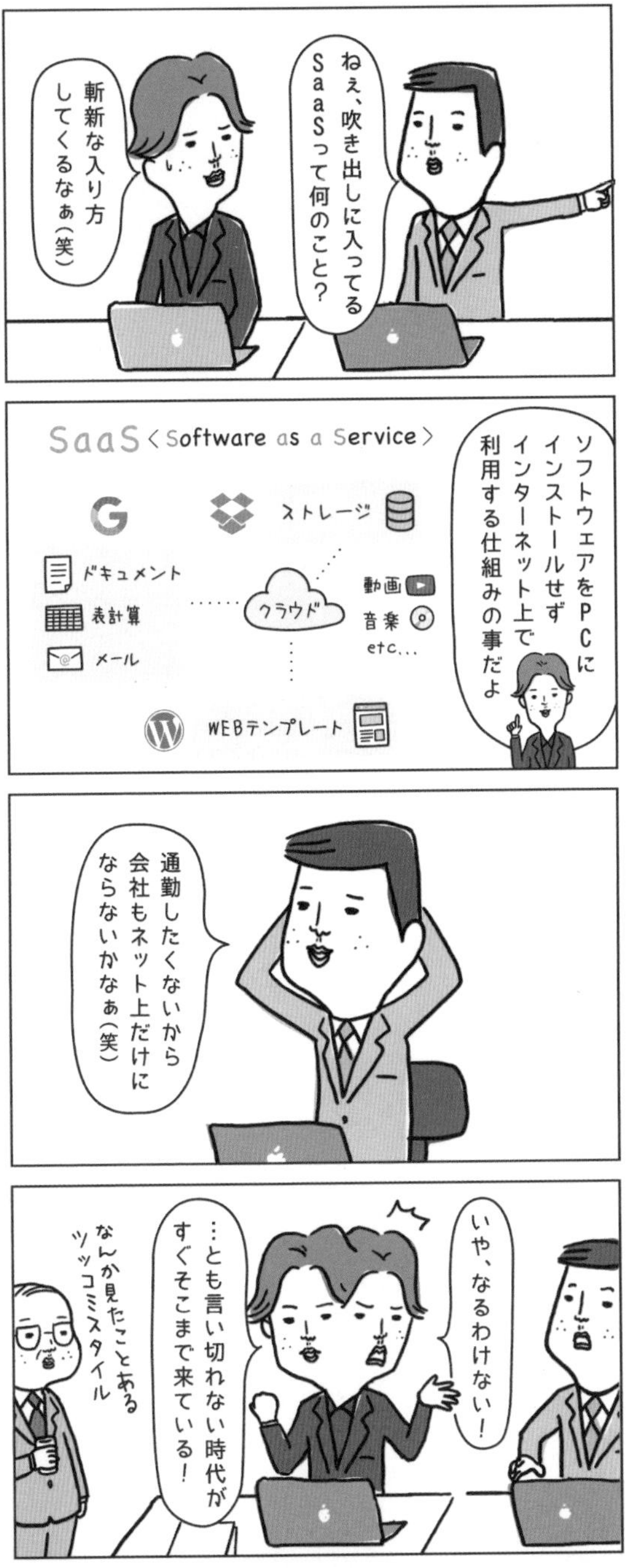
ねぇ、吹き出しに入ってるSaaSって何のこと？
斬新な入り方してくるなぁ（笑）
ソフトウェアをPCにインストールせずインターネット上で利用する仕組みの事だよ
SaaS < Software as a Service >
ストレージ
ドキュメント
表計算
メール
クラウド
動画
音楽
etc...
WEBテンプレート
通勤したくないから会社もネット上だけにならないかなぁ（笑）
いや、なるわけない！
…とも言い切れない時代がすぐそこまで来ている！
なんか見たことあるツッコミスタイル

ABW

業務内容に合わせて作業環境や作業時間を自由に選べるようにすることで業務の効率化を図る働き方

「Activity Based Working」の頭文字を取った用語で、目的に合わせた設備と環境で作業する。それにより生産性を高めることを目指す考え方。

ポイント1 フリーアドレスとの違いは?

フリーアドレスは2000年以降、IT企業を中心に広まったオフィススタイルで、社員が個人のデスクをもたず、その時々で空いている席に座って仕事をする。この**フリーアドレスのアイデアをさらに発展させた**のがABW。**フリーアドレスが「自由席」だとしたら、ABWは「目的別席」**だと言える。

ポイント2 どんなABWがあるのか?

高度な集中力が必要とされる個人作業用に使える**ソロワークスペース**。長い電話や少人数でのオンラインミーティングに使える防音設備のある**小規模個室**。さらに眠気に襲われがちな昼食後にぴったりな、机の高さが調節できるスタンディングデスクが配備された**ワークスペース**。それから、大きな机が何台か置かれ、プロジェクトチームごとに集まって仕事ができる**オープンスペース**などが挙げられる。

ポイント3 信頼と自律がキーワード

場合によっては長時間上司の目の届かないところで作業するため、上司は部下の働きぶりを逐一チェックすることができない。そのためABWの導入には、「**上司と部下の信頼関係ができていること**」が大前提。

関連キーワード ペーパーレス(P.046)、IPアドレス(P.048)、QOL(P.064)、クラウド(P.086)

世界で最も歴史の古いABWスペースはどう考えてもトイレの個室ですよね。基本的には入る目的が1つしかないですし。ちなみに、スマホが普及してからトイレの個室の平均使用時間って長くなってるらしいです。

来週から我が部も
作業内容によって自由に
場所や時間を選べる
何チャラ何チャラって
スタイルを採用します。
「アクティビティ
ベースド
ワーキング」
ですよね？
一文字も覚えてない(笑)
立ちながらだと
眠気も来なくて
捗るなぁ
窓際で景色見ながらだと
気分も上がるわぁ
ボクは、やっぱ
ここが落ち着くなぁ
作業してる姿を
見られるのって
実は苦手なんだよねー
カタカタ
？
ドンドン
さすがにここでは
やめてくれ!!
しかも昼休後に

神エクセル

紙へ印刷することを前提に、
見栄えを優先して作ったExcelファイル

「紙」が転じて「神」と表記するようになったネットスラングで、
「ネ申エクセル」などと表現される場合もある。

ポイント1「神エクセル」が用いられてきた背景

神エクセルが重視されていた背景には、「**紙**」**への出力を前提とした事情**がある。印刷した時の見栄えが最重視されており、データのまま共有したりすることはそもそも想定されていなかったのだ。この使い方は、基本的には避けるべきである。

ポイント2「脱エクセル」も主流に

エクセルは非常に多様性に富んだアプリで、単純な計算から、複雑な分析、さらにはゲームを作成したりできる。ただ、最近では、ビッグデータの分析などが行われるようになり、分析対象となるデータの量が時には数十億件以上と膨大になっているため、**エクセルのみでは取り扱うことが難しい場面も増えている**。そのため「脱エクセル」を推進する企業も増えている。

ポイント3 BIツールを使った「超エクセル」

これまで最終形として扱われていたエクセルデータを素材として扱い、人の感覚だけではなかなか紐解くことができない様々なデータの関連性を発見するBI（ビジネス・インテリジェンス）ツールを用いることが、今後の主流となっていくだろう。最近ではデータを「**早く、分かりやすく、正確に**」**取り扱う**「**超エクセル**」の企業導入も進んでいる。

関連キーワード　ペーパーレス（P.046）、詐欺グラフ（P.106）

「エクセルは芸術だ」って口癖のように先輩が言っていたので絵を描くためのツールかと思って必死に勉強したのに、完全に僕の勘違いでした……。その先輩が最近は「損益計算書は芸術だ」って言っているので、ただ単になんでも芸術に例える人だったみたいです（笑）

お前、このメチャクチャなつくり方したデータ集計レポートなんだよ！
すみません、エクセル苦手で…地味なソフトだから覚える気にもならなくて（笑）
地味だと？使い方によってはこんなふうに絵だって描けちゃうんだぞ。三日後のレポート期限までに使い方も勉強しとけよ！
お、すごい
ー三日後ー
せ、先輩…寝ずにエクセル勉強してここまで仕上がりました…
プルプル
お、どれどれ
絵を描く方マスターしてどうすんだよ!!
レポートは?!

スマートファクトリー

機器をインターネット接続し、あらゆるデータが記録できるように設計された製造工場

IoTやAIなどの先進技術を用いてデータ活用・分析を行い、製造プロセスの改善や稼働の効率化を実現する工場のこと。

ポイント1 データの可視化ができる

スマートファクトリーの最大のメリットが**データの可視化**だ。ラインの稼働率やリアルタイムの在庫状況などのデータを記録し、わかりやすく整理できる。また、詳細にまとめられたデータを分析することで改善ポイントや最適な運用方法が見えてくる。

ポイント2 ファナック社の活用事例

製造現場の生産性改善には、スマートファクトリーが不可欠だ。例えば、産業用ロボットメーカー大手のファナックは製造業向けオープンプラットフォームとしてシステムの稼働状況を監視し、「**止まらない、止まる前に知らせる、止まってもすぐに直せる**」というスマートファクトリーを実現している。

ポイント3 工場の稼働率を上げるのに一役買う

実は工場設備をフル稼働させるのは難しい。そこで、**稼働率をいかにして上げるかが工場の効率化のキモ**になってくる。スマートファクトリーにすることで、50%しか動いていなかった工場のラインが80%動くようになるだけでも、単純に計算して500万円の売上を800万円に増やすことができる。

関連キーワード IoT(P.018)、AI(人工知能)(P.026)、SDGs(P.050)、デジタルツイン(P.108)

社長！
飛び降りる
なんてやめて
ください！
生産量を増やして単価も
下げないと経営が続かない
この状況じゃ、もう…
AI《エーアイ》やIoT《アイオーティー》を活用して
スマートファクトリー化
したらどうですか？
誰？
工場の機器や設備の稼働状況、
従業員の作業状況等をデータで
見える化することで、課題も
分かりやすく、更に自動制御で
生産性もアップしますよ。
既存の設備でも導入可。
関連工場
クラウド
リモート管理
見える化
整備状況
作業状況
検品
在庫管理
ありがとう！
あなたは命の恩人だ
ここから飛び降りても
軽傷で済みそうですけどね

スマートファクトリー化で成功してる会社の中には、安いセンサーをたくさん買ってきて意地と執念で取り付けたってところもあると聞くので、裏側はスマートとは言い難い現実もあるみたいです（笑）

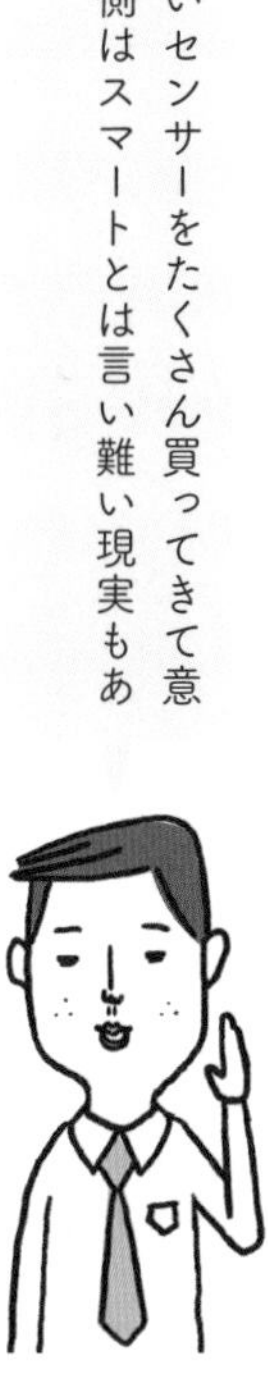

スーパーシティ

AI・ビッグデータを活用して生活全般を便利にした未来都市

2020年の国家戦略特別区域法改正により創設された「スーパーシティ型国家戦略特別区域」のことを指す。

ポイント1 未来都市を丸ごとつくる

未来都市を実現するための取り組みはこれまで、エネルギー・交通といった個別の分野や一部の技術に限定されていた。一方、**“生活を丸ごと変える”ことを目指すスーパーシティ**は、物流、医療、環境、防災など10の領域のうち5領域以上において、2030年頃に実現される未来像を域内限定で完全実施することを目指している。

ポイント2 スーパーシティに期待されていること

スーパーシティは**“住民目線”で設計される**ということが強調されており、その暮らしぶりは非常に便利で、まるでSF小説のよう。さらにただ便利なだけでなく、高齢化、地方都市の過疎化、空地の増加など、将来の日本にのしかかる**様々な社会問題を解決する**ことが期待されている。日本はスマートシティの実現において後れを取っているのが現状だが、スーパーシティを実現することで企業を国内につなぎ止めることができるかもしれない。

関連キーワード　メタバース（P.058）、Society 5.0（P.100）、ハプティクス（触覚技術）（P.134）

スーパーシティって聞くとついつい、あの沢田研二さんの名曲のことかって思っちゃうんですけど、全然違いました（笑）ちなみにあの名曲「TOKIO」は1979年にリリースされてて、作詞は糸井重里さんが手がけてます。

食事や買い物は
顔認証でキャッシュレス
はっさく
店を出ると自動走行の
タクシーがお出迎え
必要な物が
必要なときに届いて
はっさく
診療・診察も自宅でできて
1度、行政登録をすれば
その後の申請や登録は
個人のデバイスから出来て
長い順番待ちも不要
ラクチン
戸籍謄本
印鑑証明
住民票
こんな快適な社会になれば気持ちに余裕が持てて仕事でもミスが無くなると思うんですよねー
いいから早く始末書書け！

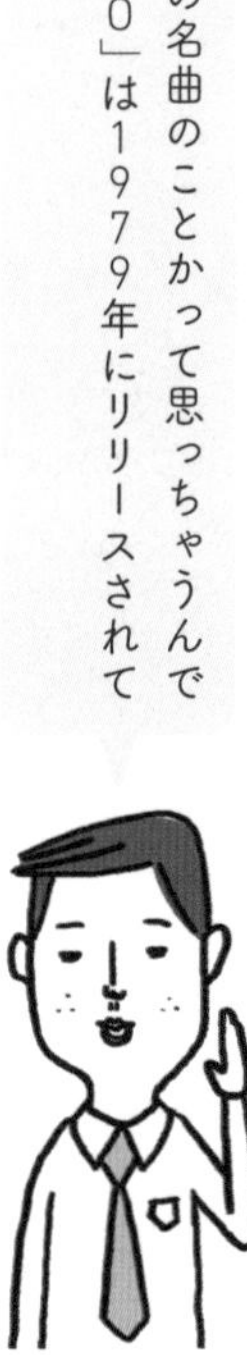

Society5.0

最新技術を駆使して、サイバー空間と物理的空間とが調和した「超スマート社会」を目指す計画

日本が提唱する未来社会のコンセプト。5年ごとに改定されている内閣府の科学技術基本計画の第5期で発表された。

ポイント1 Society 5.0を実現するには?

Society 5.0を構成する具体的な項目には、スマートモビリティ、スマートインフラ、スマートものづくり、スマート地域ケア、スマートグリッドがある。実現に向けた戦略として、民間研究開発投資の誘発や産学官連携の推進技術イノベーションを支える人材育成などの推進が挙げられている。さらに、Society5.0の実現に貢献するような**科学技術イノベーションが期待できる事業を特定**し、その事業に重点を置く予算編成を目指すことなどがポイントとされている。

ポイント2 乗り越えるべき5つの壁

これらの計画では、Society 5.0実現に向けて乗り越えなければならない壁も指摘されている。その壁とは、次の5つに集約できる。

❶**省庁の壁**：各省庁の連携が不可欠
❷**法制度の壁**：官民データの活用、電子政府の構築の推進
❸**技術の壁**：政府研究開発投資の拡充
❹**人材の壁**：国内外の人材確保、大型共同研究などを通した人材育成の必要性
❺**社会受容の壁**：Society 5.0のメリットの理解の獲得、地域特性に合わせた展開が必要

参照：一般社団法人日本経済団体連合会ホームページより

関連キーワード 5G回線(P.024)、ICT(P.052)、QOL(P.064)、スーパーシティ(P.098)

Society4.0が実現したのがごく最近なので、それ以前の流れを考えるとSociety5.0の話をするのって早すぎるような気も……。このまま行くとすぐ6.0とか7.0とかソフトウェアのバージョンアップみたいになっちゃいそうじゃないですか？

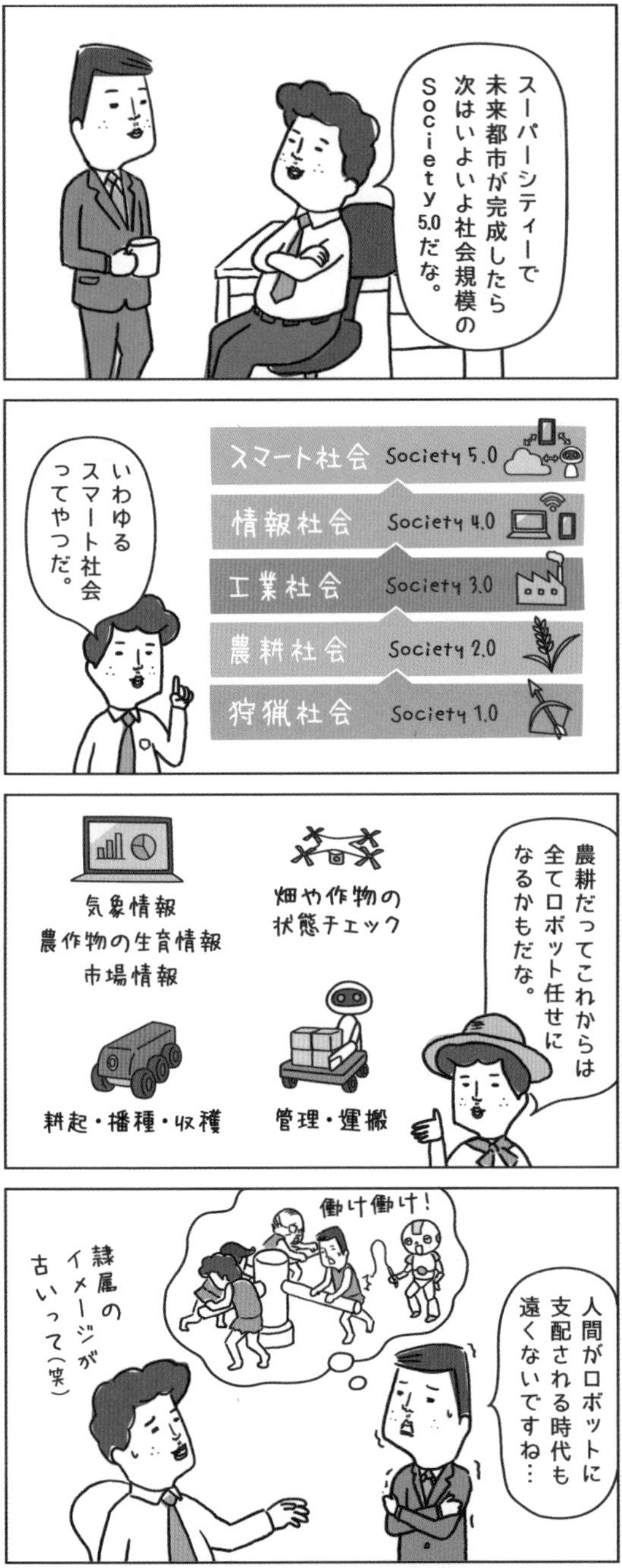
スーパーシティーで未来都市が完成したら次はいよいよ社会規模のSociety5.0だな。
いわゆるスマート社会ってやつだ。
スマート社会 Society 5.0
情報社会 Society 4.0
工業社会 Society 3.0
農耕社会 Society 2.0
狩猟社会 Society 1.0
農耕だってこれからは全てロボット任せになるかもだな。
気象情報
農作物の生育情報
市場情報
畑や作物の状態チェック
耕起・播種・収穫
管理・運搬
人間がロボットに支配される時代も遠くないですね…
働け働け！
隷属のイメージが古いって(笑)

データエコノミー

人や企業が生み出すデータを競争力向上に生かす経済

企業の産業データや個人がインターネットを利用することで生まれる大量のデータは、現在の情報化社会において非常に価値がある。ITの世界的企業は、これらのデータを分析し活用することで世界経済をけん引するほどの影響力を持っている。

ポイント1 データエコノミーが広がった背景

AIやビッグデータ解析の実用化が進み、**広告や商品開発にデータを取り入れる動き**が活発になった。さらに**スマホの普及**がデータ経済の拡大を後押しした。

ポイント2 データエコノミー最初の一歩

価値あるデータはいたるところに存在している。例えば、SNSでのトレンドは一般に公開されており、こうしたプラットフォームで1秒間に生成されるデータ量は膨大だ。これらのデータを分析して**自社のマーケティングに生かす**ことはすぐにでも始めることができる。

ポイント3 問題点は個人情報と監視社会にあり

ユーザーは**自身の個人情報の扱い**にも目を光らせておかなくてはいけない。中国では、個人の購買行動が決済プロバイダによって記録され、信用が基準を下回ると購入できない商品が出てきているが、**データエコノミーの促進と監視社会の強化がイコールであってはいけない**。これからは、各国が連携してデータ利用に関する国際法整備を進める必要があると言われている。

関連キーワード　ビッグデータ（P.028）、インフルエンサーマーケティング（P.030）、GDP（国内総生産）（P.034）、プロセスエコノミー（P.054）、Web3.0とweb3（P.122）

商品を売るよりもデータを売る方がお金になるなんて、昔の人が聞いたら絶対信じないんじゃないですかね。何しろこのマンガが始まらなければそもそも存在していない僕ですら、今も懐疑的なんですから（笑）

「データは新しい石油」ってよく聞きますけど、どういうことなんですか？
OIL
今まで真価に気づかず埋もれていた資産って意味の比喩ですよ。
例えば、巨大IT企業は自社サービスで収集した膨大なデータを分析してマーケティングや開発に利用して巨大な成長を遂げてますしね。
Meta(旧Facebook) Google Apple Amazon
世の中の膨大なデータが価値を生み出す経済を「データエコノミー」って言うんです。
私の登場機会が減ったのもPV数とかのデータが原因だったりするのかなぁ…
白鳥さんはよく出てるのに
気にしない気にしない！単に作者が描くの飽きただけかもですし（笑）
いや、励ましになってないから…

アフォーダンス

環境が動物に対して与える「意味」のこと

アメリカの知覚心理学者ジェームズ・ギブソン氏によって、人間や動物が周囲をどう知覚し体を動かしているのかを研究する過程で、1970年代に提唱された。

ポイント1 アフォーダンスってどんな理論？

一番のポイントは、**知覚が感覚器官への刺激によって発生するものではなく、環境から与えられるものだ**という発想にある。1988年、アメリカの認知科学者・認知工学者のドナルド・アーサー・ノーマン氏がアフォーダンスの考えをデザインに応用し、“**アフォーダンスによって我々は身の回りの製品の使い方を左右される**”という概念が生まれた。

ポイント2 UI・UXデザインに生かされる!

アフォーダンスの概念は**UI・UXデザイン**を考える際に大いに生かされている。UIとはユーザー・インターフェイスの略で、製品・サービスにおいて、ユーザーの目に触れる接点のこと。UXはユーザー・エクスペリエンスの略で、ユーザーがサービスを利用することで得られる体験を指す。
例えば、駅のごみ箱はかん・びん・ペットボトル用の投入口は丸く、新聞・雑誌用の投入口は平たく設計されている。こうすることで、我々は「どこに捨てるべきか」と意識下で判断する必要すらなく、分別してごみを捨てられるよう、**アフォーダンスによって誘導されている**というわけだ。

関連キーワード　認知バイアス（P.044）、ハプティクス（触覚技術）（P.134）、ソニフィケーション（P.142）

犯人を先に言ってしまう刑事コロンボスタイルでオチを先に言ってみましたが、僕が与えるアホと読者の方が感じるアホにギャップがあるのでは……と逆にハードルが上がってしまい、アホへの深さを実感しました（笑）

タイムくんの作者です。今回のテーマが「アフォーダンス」なのでオチに「アホダンス」をもっていこうと思います。
そういうの言います？
やりづらいわぁ
アフォーダンスって、一般的に使われてる言葉と本来の意味にギャップがわりとあるのよねー。
本来の意味のアフォーダンス
環境が人に与える可能性 ※Afford = 与える
例
このドアが与える可能性
●手前から押す ●裏から押す
●左右にスライドする ●持ち上げる
●単なるインテリア etc
ん〜
主にデザイン的に言われてるアフォーダンスは、正確には「シグニフィア」で両者の違いは知覚か認知かってとこね。
一般的に言われてるアフォーダンス
人をある行為に誘導するためのヒント
例
ヒント（補助取っ手をつける）
● 左にスライドする
シグニフィア
ん〜
アフォーダンス…知覚
シグニフィア…認知
って言われても難しいわよね（笑）
あ、すみません。無茶ぶりされたアホダンスのこと考えてました…
こんな感じかなぁ

詐欺グラフ

視覚的な技法などを使って、人を騙すような描き方をしたグラフ

事実誤認を誘い、制作者にとって都合の良い印象を与えるために作られたグラフのことで、「ウソグラフ」「クソグラフ」などと呼ばれることもある。

ポイント1 パターン1：誤認を誘う二軸グラフ

単位の異なる2つのグラフをあたかも同じ尺度で測られているかのように並べるパターン。規模の大きく異なる業界や企業、製品があたかも同規模であるかのような印象を与えるために使われることが多い。

ポイント2 パターン2：ゼロから始まらない棒グラフ

棒グラフがゼロから始まっていないために実際以上に比較しているデータの差が大きく見えてしまうパターン。数値の違いを面積で示すことでわかりやすくする棒グラフでは、基点は必ずゼロでなければならない。その原則を破るとグラフから受ける印象と実際の数値が大きく乖離してしまうことになる。

● A業界·B業界の売上高推移

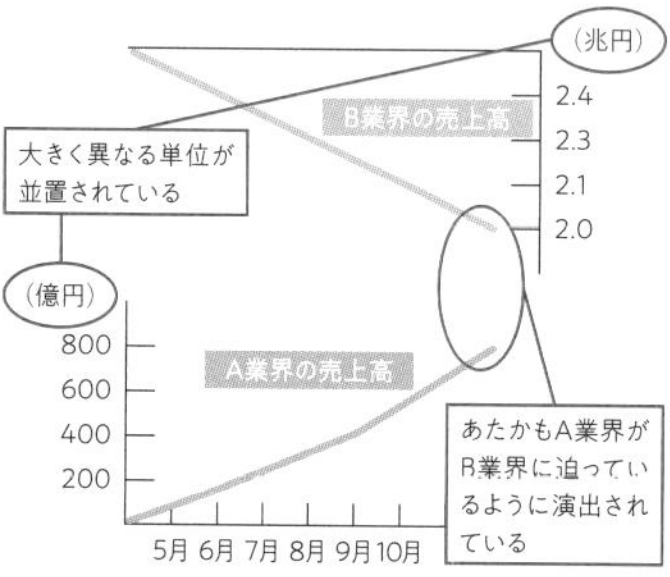

● 商品A·商品Bの顧客満足度

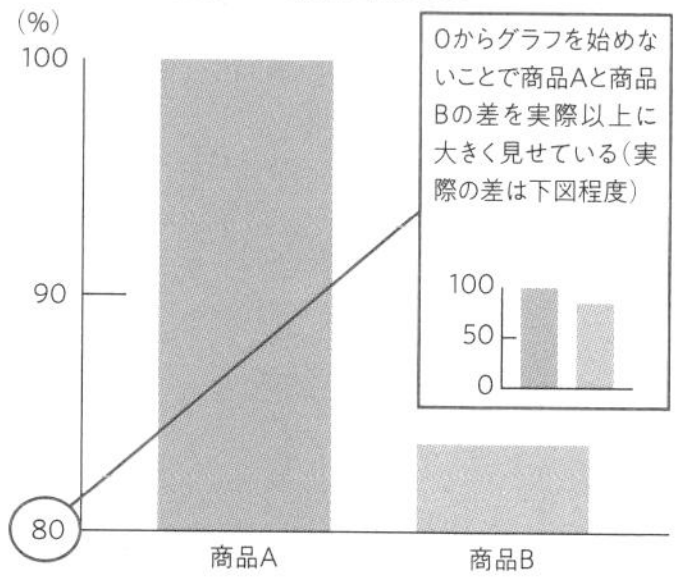

関連キーワード 認知バイアス(P.044)、神エクセル(P.094)

目を閉じて耳を澄まして話を聞くと騙されにくい、という話がありますが、これは聴覚が脳のロジカルな部分と深く結びついているからなんだそうです。ですので、私のように大きな耳を持つことが生物として大切である、つまりはそういうことです。

めくるめく売上げ推移
UP
前期
今期
皆さんの頑張りもあって今期の売り上げは昨年に比べこれだけアップしました！
おぉ———!!
めくるめく売上げ推移
UP
前期
今期
このパーセンテージは次のボーナスに反映します！
おぉ———!!!
(円)
1,500,000,040
1,500,000,010
1,500,000,000
UP
前期
あら、このグラフよく見ると0から始まってないから実際は1パーセントすら上がってないわよ！
う…詐欺グラフ。
ウサギだけに
社長!!
バレました？(笑)ちょっと皆さんを試してみたりして…

デジタルツイン

現実の世界から収集したデータを用いて、まるで双子であるかのように物理空間を仮想空間上で再現する技術

近年、IoT・AI・VRなどの技術の発達により、精度の高いデジタルツインを構築し、分析に役立てるようになってきている。

ポイント1 デジタルツインの可能性

デジタルツインを構築するには物理空間の様々な情報が必要だが、近年、IoT・AI・VRなどの技術の発達により、精度の高い仮想空間をリアルタイムに構築・分析できるようになりつつある。**デジタルツインは産業イノベーションを推進する力を秘めている**ので、製造業やエネルギー産業をはじめ、多くの分野で活用が期待されている。

ポイント2 すごいのはリアルタイム性

デジタルツインの特に注目すべき特徴は、“**リアルタイムの連動性を持っている**”こと。対象となるモノの稼働状況や各部位の状態といった情報が、常に仮想空間上のモデルに反映される。そのため、現実世界に設置されている機器の状況の変化にリアルタイムに対応し、取得したデータを用いたメンテナンスや設備保全を行うことが可能になるのだ。

ポイント3 【事例】航空機エンジンのメンテナンス

電気事業の多くの領域をカバーするGEは、航空機のエンジンをデジタルツインでモデリングし、保守費用を削減している。燃料の特性や気温、気圧、砂埃の量といった詳細なデータを把握することで**最適な洗浄頻度を分析し、洗浄コストの削減に成功している**。

関連キーワード　5G回線（P.024）、メタバース（P.058）、スマートファクトリー（P.096）

デジタルツインを使ってシミュレーションを行うことでいろんなパターンを試してみることができるので、特に工場の効率化なんかにはとっても役に立つんだ。バーチャルな世界を使って現実の世界を良くする画期的な技術だね。

ねぇねぇ、部長 デジタルツインって知ってる？
デンタル通院？
歯医者には通ってないけど？
デジタルでモデリング（再現）
現実の機械や設備の稼働状況を仮想空間でシミュレーションするソリューションだよ。
自動運転や高精細マップなど
エンジンの設計や管理など
生産ラインや保守点検など
仮想空間だから時間・コストの削減や安全にも繋がるんだー。
スポーツとかもバーチャル上の試合で選手の動きを分析して采配の参考にできるよ。
SHOOT PASS SPEED ENERGY
1st
2nd
社員のスペックをシミュレーションして不要な人材を早めに切るってこともできるかも…
耳が痛いので耳鼻科に通おうかな…

ダークデータ

活用されず、分析されることもなくただ保存されているデータ

あらゆるビッグデータをとりあえず蓄積してしまっている場合、そのほとんどは実際には活用されていない「ダークデータ」に該当する可能性が高い。

ポイント1 ダークデータってどんなもの?

例えば、**防犯カメラの映像**。毎日定点で記録される映像は、分析にコストがかかりすぎ、一定期間保存された後に廃棄されるのが普通だ。「IBM Big Data Analytics Hub」によると、ビッグデータのうちコンピューターが理解・分析できる「**意味ある**」**データは全体の20%のみで、残りの80%がダークデータ**に分類されると言われている。

ポイント2 ダークデータは企業のお荷物

「Veritas」というアメリカのデータアナリシス企業によれば、中規模企業が1,000兆バイト（ファイル約23億個分）のデータを保存したとすると、その費用は**年間約500万ドル**（約5億5000万円）**にのぼる**とのこと。しかもその80%が、利用すらされていないダークデータ。しかし、ダークデータは「**価値がわからない**」**のであって、**「**価値がない**」**とは限らない**。

ポイント3 ダークデータは3種類ある

Eメールなど、テキストから成るテキスト系ダークデータ。画像、音声などのリッチメディア系ダークデータ。さらに、**ディープウェブ系ダークデータ**。**ディープウェブとは、ウェブ上に存在しながらも公開検索エンジンの検索結果には引っかからない情報**のこと。

関連キーワード ビッグデータ（P.028）、ゾンビデータ（P.144）

すべてのデータが役に立つわけではないっていうのはなんとなく気づいていたんですけど、何気なく取っておいてしまうデータを保存しておくのにも結構なコストがかかるなんて考えたことなかったです。デジタルデータも要断捨離ってことですね。

ビッグデータにも性質ごとに3種類あるの知ってましたか？
ビッグデータの種類
○ クリーンデータ … 有用なデータ
× ROTデータ …… 古いor重複している
△ ダークデータ … 有用な可能性はあるが分析が難しい
へぇ〜知らなかった
ダークデータが世の中のビッグデータ全体の半分近くを占めてて、クリーンデータは全体の2割程度らしいですよ。

部署の共有フォルダにこんな動画データが入ってましたけど…

このナイスミドルって部長さんですよね？

まだ残ってたのっ?!早く闇に葬って!!

ある意味ダークなデータだ

ビジネストランスレーター

経営者・一般社員とデータサイエンティストの橋渡し役

トランスレーター（翻訳者）という呼称の通り、ビジネスサイドとデータサイエンティストサイド両方の考えを整理し、翻訳することでDXプロジェクトを成功に導く。

ポイント1 今、注目が集まっている理由

ビジネストランスレーターに今注目が集まっている理由は、主に下記の3つにある。

❶文系からでも目指しやすい

❷外部委託していたものを社内でまかなえるようになる

❸プロジェクトを成功に導くカギとなる

ポイント2 ビジネストランスレーターに求められること

ビジネスサイドについて理解し、**言葉にする**ことが求められる。一方で、スポーツ選手の通訳が実際にスポーツができる必要がないように、経営やプログラミングに関する高度なノウハウは求められない。重要なのは、**両者の言い分を抽象化し、失敗を未然に防ぐビジネス力**。だからこそ、文系からでも目指しやすく、また自社の文化や内情を知り尽くした社員から育成できる。

ポイント3 どうすれば育成できる?

まずはプロジェクトの全体像を把握するために**情報収集**を始めよう。並行して進めたいのが、データの分析ツールに実際に触れ、使い方を学ぶことである。

関連キーワード　ジョブ型雇用（P.078）、T型人材（P.084）、ポジティブ・デビアンス（P.116）

日本人同士でも働いてる業界とかによって使う言葉が全然違うわけなので、「ザギンでシースー」とか「運転手さん、そこダリヒで」とか突然言われてもワケワカメですよね。ダリヒでって咄嗟に言われた運転手さんは悩んだ挙句、右に曲がったらしいです（笑）

社長どうしたんですか？そんな悩ましい顔して
ん〜
経営陣
橋渡し
ビジネストランスレーター
データサイエンティスト
我が社にも、経営陣とデータサイエンティストの橋渡しをしてくれるビジネストランスレーターが必要だと思ってまして。
ビジネストランスレーターに必要なスキル
データ活用の知識
経営視点・知識
BIツール活用
業界知識
鋭い洞察力
それには、データサイエンスとビジネスの視点・知識の両方を兼ね備えている必要があるので良い人材が見つからなくて…
だったら僕に任せてください！ま、データサイエンスが何かイマイチわかってないし、経営って他の会社の偉い人と会食するのが仕事みたいな認識しかないですけど（笑）
え？…私とキミの会話にも橋渡しする人が必要かも…
その自信どっから湧くの

アジャイル開発

システム開発を小さな単位に分け、実装とテストを繰り返しながらプロジェクトを進めること

「アジャイル」には“素早い”という意味があり、サービスインまでの期間を短縮できることが最大の特徴。開発途中の仕様・要件変更に柔軟に対応できる。

ポイント1 アジャイル開発はどう便利?

システムやソフトウェア開発において主流になっているアジャイル開発。アジャイル開発における開発サイクルの単位をイテレーションと呼び、1サイクルは1～4週間ほど。リリースしたい機能ごとに、**計画 → 設計 → 実装 → テスト**の工程を行う。アジャイル開発は開発途中に仕様や設計の変更があることを前提としていることが、従来の開発プロセスとの大きな違いだ。

ポイント2 リーン開発とアジャイル開発の違い

アジャイル開発と比較される方法として、リーン開発がある。**リーン開発**のコンセプトは「**顧客開発**」と言われており、顧客や市場のニーズに沿った構築・計測・学習を繰り返し、**“どのくらい売れたか”を重視**する。一方、アジャイルは「**製品開発**」を軸にしており、開発・設計・要求を繰り返しながら、**“どれだけ進んだか”**を念頭に置いている。どちらも**“不確実なモノ”から新しい何かを作り出すという点では同じ**だが、目的や軸にしているものを考えると、開発内容が異なってくる。

関連キーワード　カスタマーサクセス経営(P.120)、OODAループ(P.136)、DIKWモデル(P.158)

仕様を全部決めてから作ると完成する頃にはユーザーのニーズとか市場性が変わってて誰にも求められていないモノができてしまうっていうのが最近のIT業界ではありがちなことなので、そんな悲劇を繰り返さないためにいろんな手法が生まれてきてるらしいです。

リーン開発は、必要最低限の商材で反応を見ながら改善を図る手法で、最初から大きな開発費を捻出できないスタートアップに多いですね。
アイデア
構築
提供
計測
データ
学習
まずはリリース
対して、アジャイル開発は最初から完成に近い状態でリリース後に、短いサイクルでブラッシュアップしながら完成を目指す手法で、大手企業に多く見られます。
計画
設計
実装
テスト
短いサイクル
なるほど
鶴屋千年堂のどら焼きも、少しずつ改良を加えながら人気商品になったからアジャイル開発なのかなぁ。
食べます?
ダイエット中だから遠慮しておくわ…
鶴屋千年堂
※架空のお店です
これ人気で品薄の限定商品ですよ?
あ、じゃ要る! アジャイルだけに(笑) ダイエットは一休み♪
ミーハーの鑑ですね
鶴屋千年堂

ポジティブ・デビアンス

ある集団の「標準」の中で、ポジティブに逸脱した結果を得ている人々や事例

例外的な値でも除去せずに、なぜ例外的な値が生じたのかを探ることで、重要な気づきが得られることもある。

ポイント1 ポジティブ・デビアンスとベストプラクティスの違い

ポジティブ・デビアンス（Positive Deviance、略してPD）は組織におけるポジティブな成果を出している**外れ値を深く掘り下げ**、コミュニティ内で共有することで成果につなげる問題解決アプローチである。そして、組織の生産性を高めるために成功例に学ぶ事例として、現在PDアプローチ以上に普及しているのが「**ベストプラクティス**」だ。

	PDアプローチ	ベストプラクティス
調査対象	組織の中の成功事例	外部の成功事例
規範とする成功例	自身と同じような人・組織	自身とは異なる人・組織
実行方法	ボトムアップ	トップダウン

ポイント2 ポジティブ・デビアンスアプローチの第一歩

PDアプローチを進めようという時、まずすべきなのはPDの考え方を**コミュニティに紹介する**ということだ。PDを見つけるためには、**これまでの「こうすべきだ」という思い込みを排除し、事実を徹底的に観察する**必要がある。また、PDを見つけるだけでなく、より良い方法を定着させ成果につなげるには、最初からコミュニティ全体を巻き込む工夫が欠かせない。

関連キーワード　ビジネストランスレーター（P.112）、ダイナミック・ケイパビリティ（P.150）、フルーガル・イノベーション（P.162）

何事もレベチを目指すことが成功への近道となります。みなさんもどんなレベチになれるのか考えてみてはいかがでしょうか？　もしかしたら赤鼻のトナカイや、ウサギなのに経営者である私のような逸脱した成功者になれるかも知れません。

ビバ☆組織変革
POSITIVE DEVIANCE
統計の中で、逸脱してるけど成功してるデータの特徴やプロセスをもとに課題解決をするポジティブ・デビアンスという考え方が最近注目されています。
ちなみに、外部の成功例や最良の事例から学ぶベストプラクティスとは似て非なるものです。
ベストプラクティス / ポジティブデビアンス
調査対象：外部 / 内部
成功対象：自身・自社と異なる人・組織 / 自身・自社と似た人・組織
再現性：低い / 高い
社長
ウサギ
逸脱してる
成功者
ということは…成功のカギはウサギ？でも、僕は社長みたいに仕事が早くないというかどちらかと言えばのんびりタイプだし…
おはようございます！
ちょ、逸脱っぷりが甚だしいんだけど！
産卵してるし!!
ポロッ

レジリエンス経営

危機が訪れても柔軟に対応することのできる
回復力の高い企業の経営手法

レジリエンスは「回復」の意。危機を未然に防ぐことではなく、危機へ適切に対応し回復することに重点が置かれている。環境や世界情勢の変化を完全に退けるのは不可能なので、その事実を認めることがレジリエンス経営の第一歩となる。

ポイント1 レジリエンス経営の推進ポイント

多様な人材の活躍を後押しすることで組織の柔軟性を高める**ダイバーシティ&インクルージョンの推進**。さらに、自社の内部・外部で起こりうる変化を洗い出し、複数のプランを用意する**シナリオプランニング**。そして、自律した個人が企業理念のもとに集まる**組織づくり**。この3点が、レジリエンス経営において重要だ。

ポイント2 レジリエンスの概念のはじまり

レジリエンスという概念は、そもそも第二次世界大戦後の孤児に対する追跡研究を通じ、“**重大な逆境を跳ね返す・うまく対処する能力**”として見いだされた。当然ながら、個人のレジリエンスが高い企業は、企業としてのレジリエンスも高くなると考えられる。

ポイント3 キリンHDの事例

キリンHDでは、「なりキリンママ・パパ」という取り組みがある。**実際には子どものいない社員が子どものいる状況を1カ月単位で疑似的に体験する**というもの。体験者は子育てをしながら働く訓練を、チームメンバーは事情を慮り補い合う訓練を積むことができる。結果、チームの結束強化につながる。

関連キーワード　健康経営（P.066）、VUCA（P.072）、OODAループ（P.136）、SECIモデル（P.148）

リスクを避けようって口で言うのは簡単なんですけど、人生ってある程度のリスクは避けられないわけなので、仕方ないから共存する方法を探そうっていう、悲観的なんだか、楽観的なんだかよくわからないのがレジリエンスっていう考え方みたいです。

最近注目されているレジリエンス経営とは「復元力」や「弾力性」を持った組織づくり…か。
週刊 ¥55 レジリエンス経営
復元力
僕はなんてダメな人間なんだ…
ま、いいや♪
弾力性
お前、ミス多すぎだよー
悪いのは僕ではなく僕を育てた社会です!
僕って、生まれ持った経営の素質あるのかも!
ポセイドン
日本の未来のためにもぜひ起業はしないでね(笑)
この本、捨てとくわ

カスタマーサクセス経営

カスタマーサクセス（顧客の成功）を前提とした
ビジネス・マーケティングモデルに則り経営すること

見込み客の育て方、顧客が求める体験など、顧客を成功に導くことを起点にビジネスモデルを構築する経営方針のこと。

ポイント1 そもそも「カスタマーサクセス」って何？

カスタマーサクセスは、**顧客が製品・サービスを使うことで成功し、望ましい結果を達成することを支援するビジネス手法**のこと。**すべての商材は“買ってもらって終わり”ではない**。購入後に顧客が求めている成功まで導き、「この製品がないなんて考えられない！」「もっと利用したい」という思いを抱いてもらうことが重要。

ポイント2 待望の著書にある3つのポイント

2022年7月に『カスタマーサクセス経営』という邦訳書が出版された。本書のポイント1つめは、顧客の「**体験**」を重視した現代のビジネスモデルの潮流をつかむこと。2つめは、その潮流を実践的な**組織づくり**に落とし込むこと。そして3つめは、「**話すな、見せろ**」。自社の商品をまず使ってもらうことが何よりの営業なのだ。

ポイント3 「PLG」の重要性

「**PLG（プロダクト主導型成長）**」という言葉がある。これは近年存在感を増しているSaaS企業で見られる成長戦略で、**顧客にまずサービスを利用してもらい、そこから得られた行動データを活用して、ビジネスを育てていく成長戦略**を指す。PLGを進めるには、カスタマーサクセス経営を知ることが必要不可欠だ。

関連キーワード　プロセスエコノミー（P.054）、SaaS（P.090）

デジタル時代の競争で日本企業が生き残るには、カスタマーを中心にすえた「カスタマーサクセス経営」の推進が不可欠です。カスタマーサクセス人材は今、世界中で引く手あまたです。いち早く実践力を身に付け、日本の未来をリードする人材になってください。

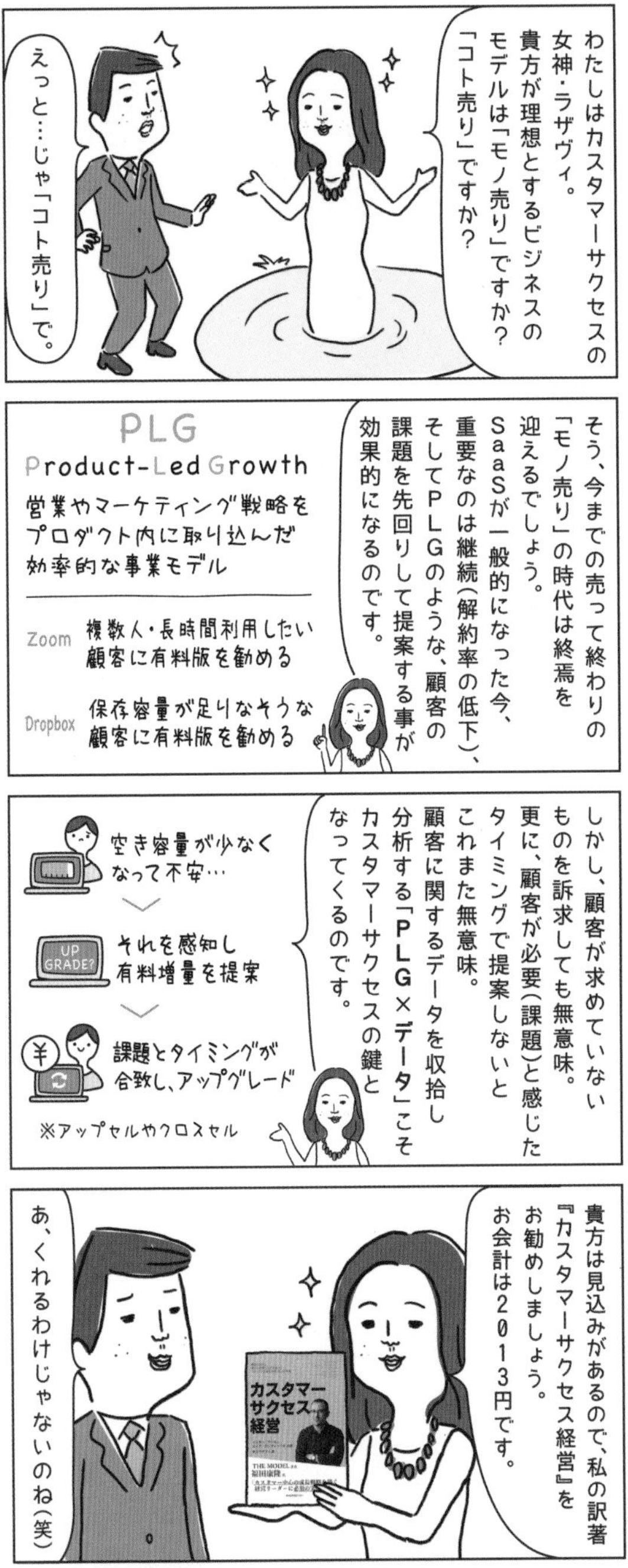
わたしはカスタマーサクセスの女神・ラザヴィ。貴方が理想とするビジネスのモデルは「モノ売り」ですか？「コト売り」ですか？
えっと…じゃ「コト売り」で。
そう、今までの売って終わりの「モノ売り」の時代は終焉を迎えるでしょう。SaaSが一般的になった今、重要なのは継続（解約率の低下）、そしてPLGのような、顧客の課題を先回りして提案する事が効果的になるのです。
PLG
Product-Led Growth
営業やマーケティング戦略をプロダクト内に取り込んだ効率的な事業モデル
Zoom 複数人・長時間利用したい顧客に有料版を勧める
Dropbox 保存容量が足りなそうな顧客に有料版を勧める
しかし、顧客が求めていないものを訴求しても無意味。更に、顧客が必要（課題）と感じたタイミングで提案しないとこれまた無意味。顧客に関するデータを収拾し分析する「PLG×データ」こそカスタマーサクセスの鍵となってくるのです。
空き容量が少なくなって不安…
UP GRADE?
それを感知し有料増量を提案
￥
課題とタイミングが合致し、アップグレード
※アップセルやクロスセル
貴方は見込みがあるので、私の訳著『カスタマーサクセス経営』をお勧めしましょう。お会計は2013円です。
カスタマーサクセス経営
あ、くれるわけじゃないのね（笑）

Web3.0とweb3

Web3.0とweb3は実は異なる

「Web1.0」「Web2.0」の延長線上にある概念である「Web3.0（ウェブサンテンゼロ）」。そして、技術を含めて発展途上であるものの広まりを見せるキーワードである「web3（ウェブスリー）」。両者の意味は異なる。

ポイント1 Web3.0とは?

「Web3.0」は、「Web1.0」「Web2.0」の延長線上にある概念で、Web関連技術規格の標準化団体W3Cのティム・バーナーズ・リー氏が提唱したセマンティックWebからきた概念を指すことが一般的です。セマンティックWebとは、Webページの記述内容が何を意味するかを表す「情報についての情報」を付加して、コンピュータシステムによる自律的な情報の収集や加工を可能にする構想のこと。

ポイント2 web3とは?

ギャビン・ウッド氏が2014年に提唱したアイデアで、「ブロックチェーンに基づく分散型オンラインエコシステム」を指す。ただし、web3の定義や関連する技術を含めていまだ発展途上にある。現時点では、「Decentralized（分散型）」という点が特徴だと覚えておこう。

ポイント3 web3では個人情報を民主化できる?

通常、サービスを利用する際、私たちは**個人情報をプラットフォーマーに提供する**ことになるため、流出してしまうリスクがある。しかし**web3では、個人情報の主権を個人に取り戻すことが可能**になる。

関連キーワード　IPアドレス（P.048）、NFT（P.060）、データエコノミー（P.102）

そもそもWeb2・0の時代を生きていた自覚がなかったので急に「そろそろWeb3・0の時代に突入です」って言われてもピンと来てない感じがありますけど、さらにweb3とWeb3・0も意味が違うなんて、なにがなんだかさっぱりです。

南京玉すだれの最中スミマセン。Web3.0(ウェブサンテンゼロ)とweb3(ウェブスリー)って、使い分けられてるみたいですけど、どう違うんですか？
玉すだれ要素ないでしょ(笑)
Web3.0は、Web1.0/2.0の延長線上にある概念で「セマンティックWeb」を指すのが一般的です。
Web1.0
・ホームページ ・アナログ回線
2000年
・メール ・BBS
Web2.0
・モバイル ・ブログ
・SNS ・EC ・クラウド
・音声・動画配信
2020年
Web3.0
・セマンティックWeb
web3は、プラットフォーマーを介さず、ユーザー同士で情報や金銭のやりとりが出来たり、更にはデバイスやOSに依存しないアプリも期待されていて今までネット社会を独占した絶対王者のGAFAが失脚するなんて話も出ているほどです。

ブロックチェーン技術によってサーバーを経由する必要が無いのでプライバシーやセキュリティ保護の観点でも注目されてます。

後半の話ってどういうこと？もはやWeb2.0…いや、むしろ1.0に戻って欲しい〜!!

それ、なんか違くない？

まぁ、今はまだ概念的な話や仮説も多いので、体験するうちに実感してきますよ。

電子帳簿保存法

電子的に帳簿や書類を保存することを認めた法律

正式名称は「電子計算機を使用して作成する国税関係帳簿書類の保存方法等の特例に関する法律」。1998年に施行されて以降、世間のペーパーレス化の流れに合わせて改正を繰り返してきた歴史がある。

ポイント1 電子帳簿保存法改正のポイント

2023年末までは取引情報の紙保存も認められるが、**2024年以降、電子取引で授受した取引情報は電子データとして保存する**必要がある。仮に税務調査で対応の不備が指摘された場合、青色申告の取り消しなどのリスクがあるので注意が必要だ。

ポイント2 電子取引要件とは

電子取引要件では、例えば以下の図のような電子取引で取引情報を授受した場合に、要件を満たした保存を求めている。

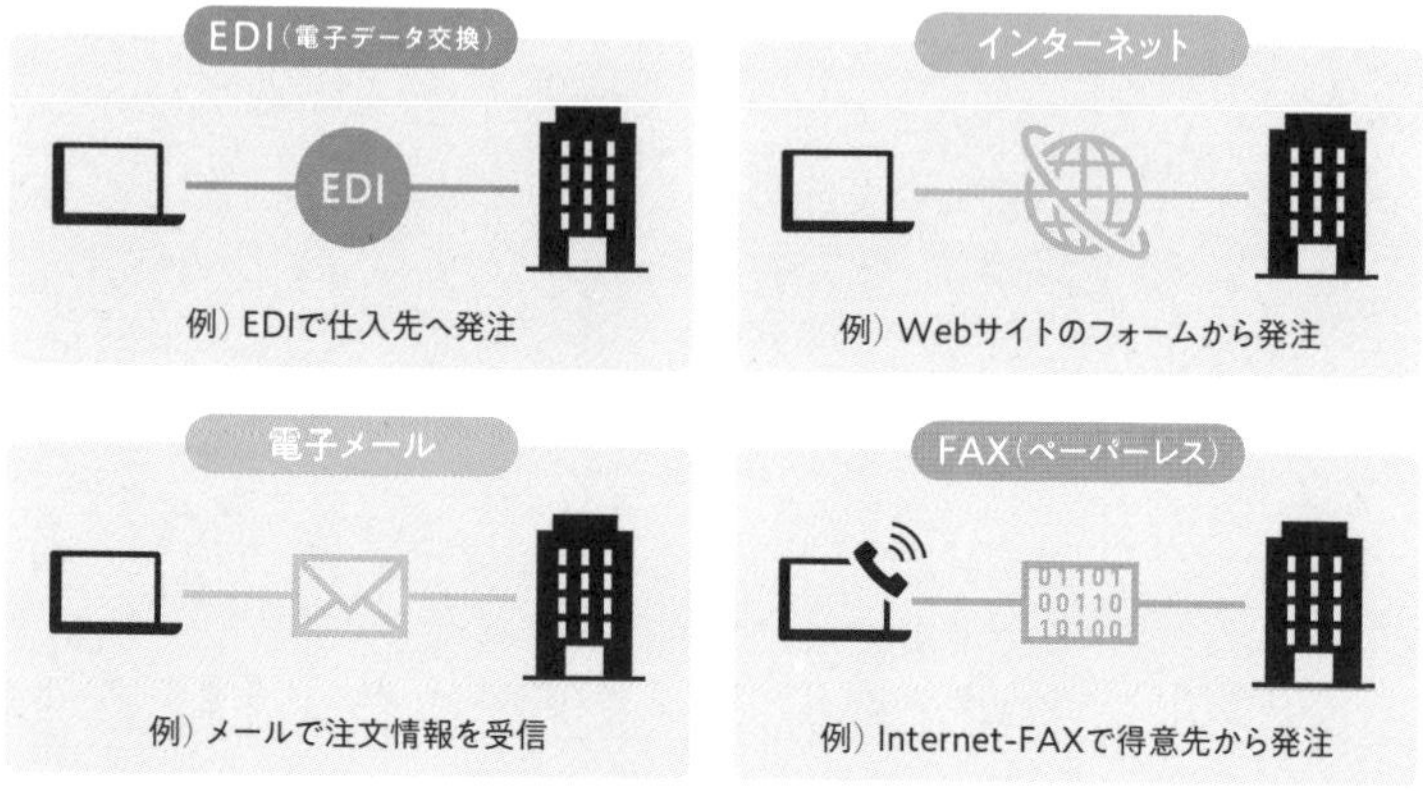

EDI（電子データ交換）
EDI
例）EDIで仕入先へ発注
インターネット
例）Webサイトのフォームから発注
電子メール
例）メールで注文情報を受信
FAX（ペーパーレス）
01101
00110
10100
例）Internet-FAXで得意先から発注

関連キーワード　ペーパーレス（P.046）、インボイス制度（P.126）

正式名称「電子計算機を使用して作成する国税関係帳簿書類の保存方法等の特例に関する法律」ってバンコクの正式名称並みに長すぎて、覚えにくいですよね。バンコクの正式名称を知らない方はぜひこの機会にググってみてください。

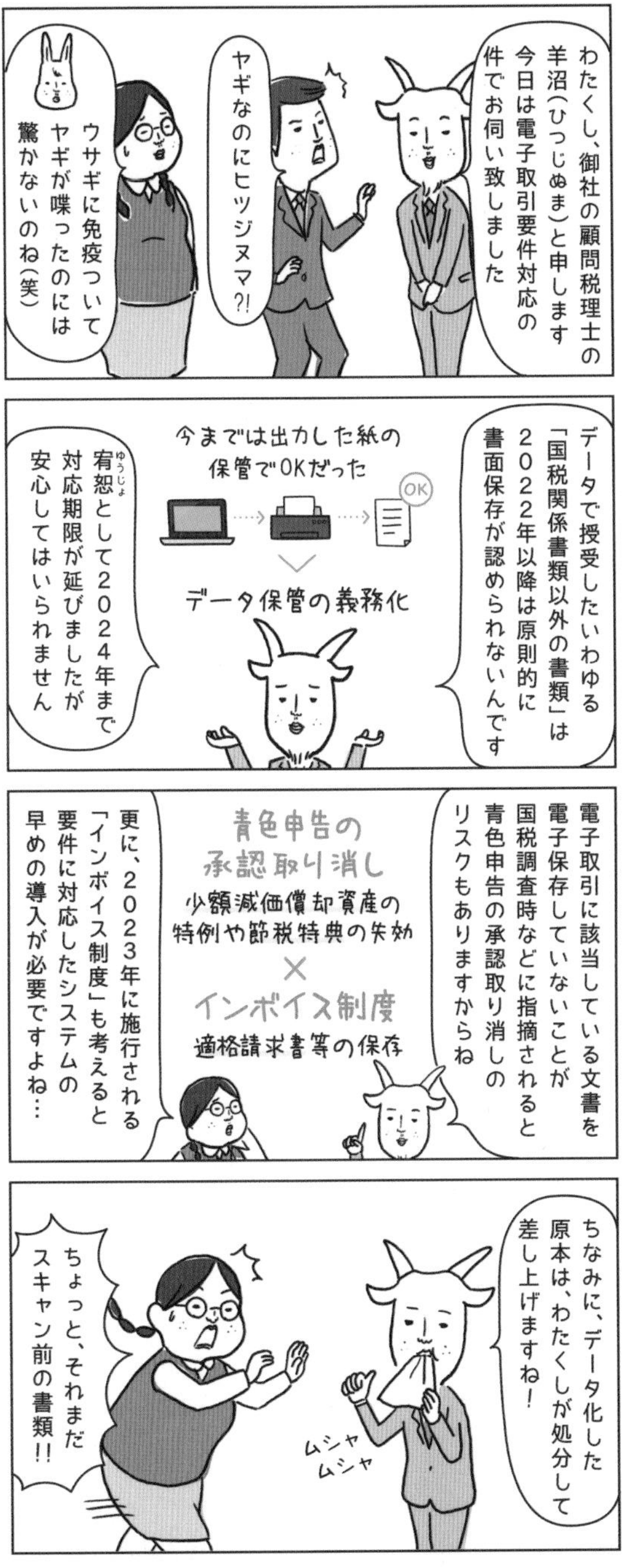

わたくし、御社の顧問税理士の羊沼(ひつじぬま)と申します
今日は電子取引要件対応の件でお伺い致しました
ヤギなのにヒツジヌマ?!
ウサギに免疫ついてヤギが喋ったのには驚かないのね(笑)
データで授受したいわゆる「国税関係書類以外の書類」は2022年以降は原則的に書面保存が認められないんです
今までは出力した紙の保管でOKだった
OK
データ保管の義務化
宥恕《ゆうじょ》として2024年まで対応期限が延びましたが安心してはいられません
電子取引に該当している文書を電子保存していないことが国税調査時などに指摘されると青色申告の承認取り消しのリスクもありますからね
青色申告の承認取り消し
少額減価償却資産の特例や節税特典の失効
×
インボイス制度
適格請求書等の保存
更に、2023年に施行される「インボイス制度」も考えると要件に対応したシステムの早めの導入が必要ですよね…
ちなみに、データ化した原本は、わたくしが処分して差し上げますね!
ムシャムシャ
ちょっと、それまだスキャン前の書類!!

インボイス制度

2023年10月から導入される新しい仕入税額控除の仕組み

買い手側は仕入税額控除をするために、帳簿と適格請求書発行事業者が発行した適格請求書（通称 インボイス）を保存する必要がある。この制度が始まると、チェック作業などにより今まで以上に業務負荷がかかるため業務効率化が必須となる。

ポイント1 仕入税額控除とは

インボイス制度により、国に認められた事業者が発行する請求書では**仕入税額控除が受けられなくなる**。仕入税額控除とは、納付する消費税額の算出にあたり、**売上の消費税額から仕入れの消費税額を差し引いて計算する制度**のこと。

ポイント2 インボイス制度の３つのポイント

❶請求書に記載する項目が増える

❷発行事業者は適格請求書発行事業者の登録が必要

❸発行事業者側も請求書の保存が義務化

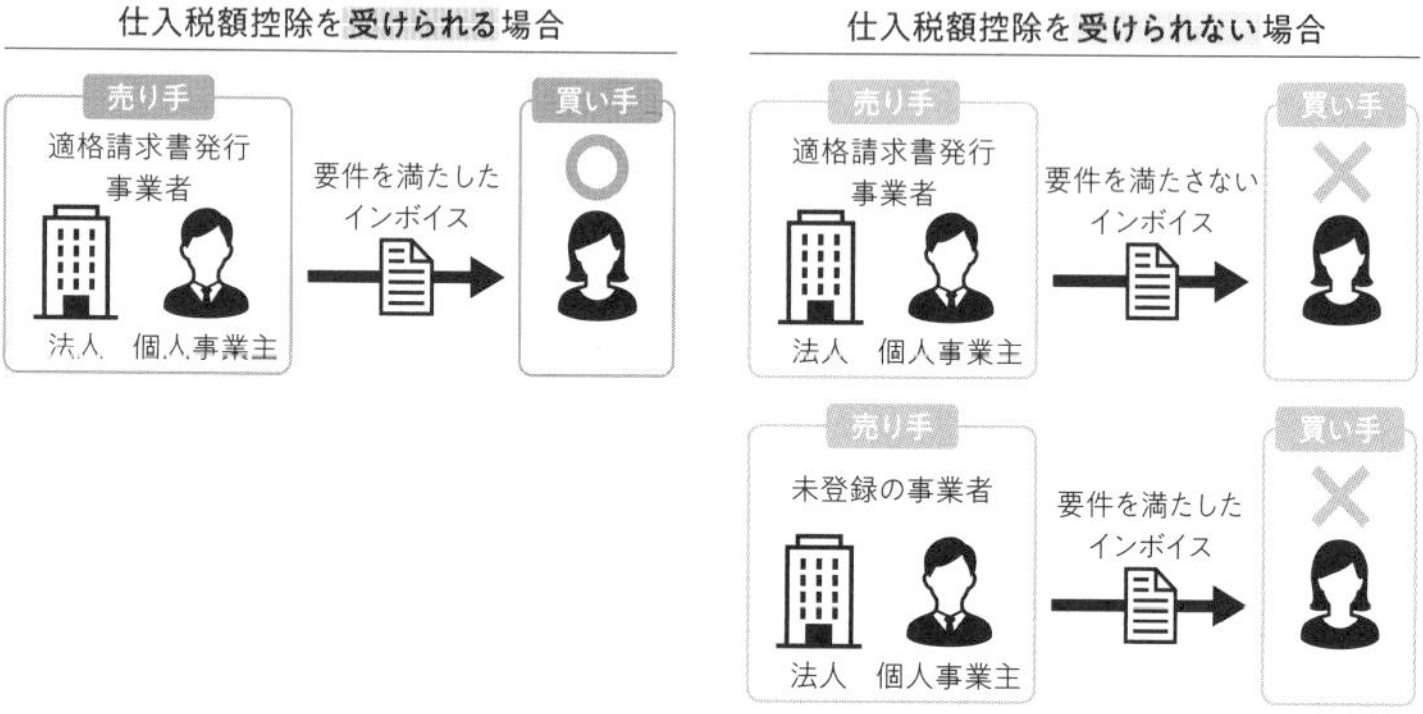

関連キーワード 管理会計と財務会計（P.082）、電子帳簿保存法（P.124）

ただでさえややこしい話を余計にややこしくする制度のように見えるので本当に必要なのかなって僕なんかは思っちゃいますけど、どうなんですかね？ なんかいろいろ賛否両論あるみたいです。

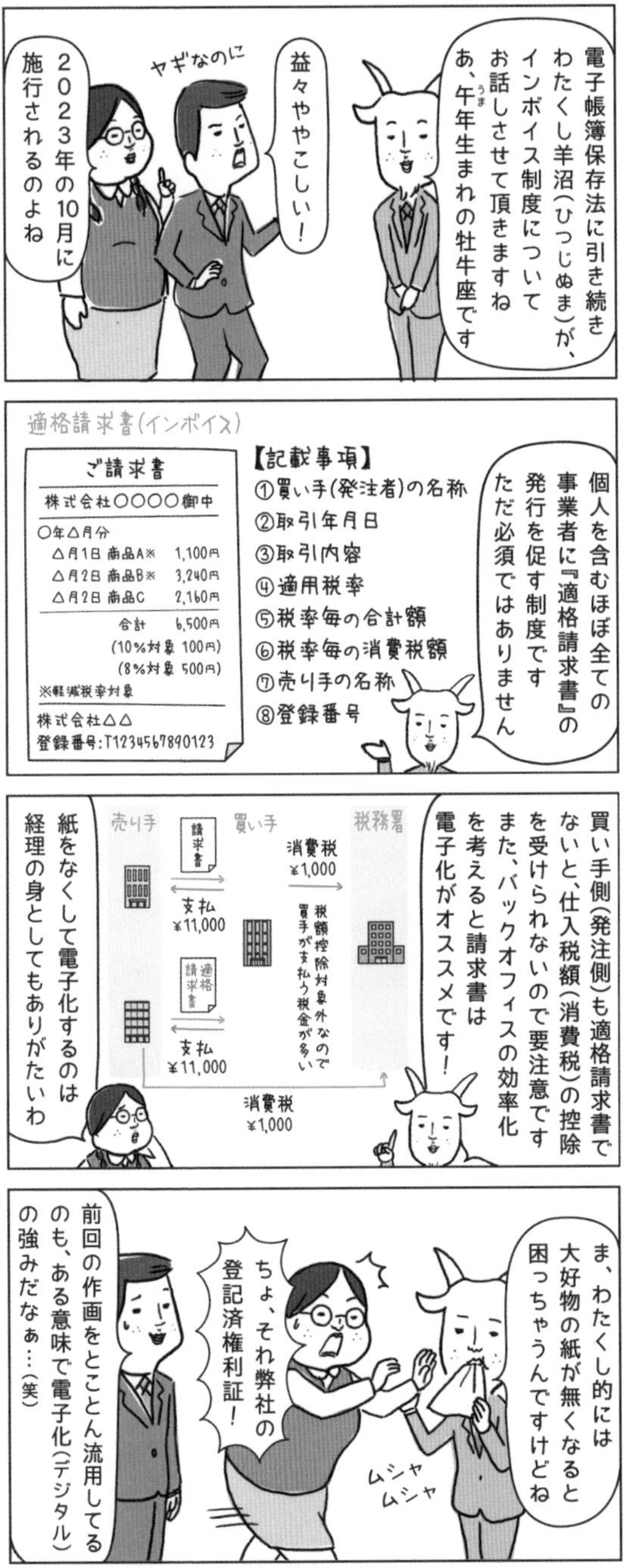
電子帳簿保存法に引き続きわたくし羊沼(ひつじぬま)が、インボイス制度についてお話しさせて頂きますね
あ、午《うま》年生まれの牡牛座です
益々ややこしい！
ヤギなのに
2023年の10月に施行されるのよね
適格請求書(インボイス)
ご請求書
株式会社○○○○御中
○年△月分
△月1日 商品A※ 1,100円
△月2日 商品B※ 3,240円
△月2日 商品C 2,160円
合計 6,500円
(10%対象 100円)
(8%対象 500円)
※軽減税率対象
株式会社△△
登録番号:T1234567890123
【記載事項】
①買い手(発注者)の名称
②取引年月日
③取引内容
④適用税率
⑤税率毎の合計額
⑥税率毎の消費税額
⑦売り手の名称
⑧登録番号
個人を含むほぼ全ての事業者に『適格請求書』の発行を促す制度です
ただ必須ではありません
買い手側(発注側)も適格請求書でないと、仕入税額(消費税)の控除を受けられないので要注意です
また、バックオフィスの効率化を考えると請求書は電子化がオススメです！
売り手
買い手
税務署
請求書
消費税 ¥1,000
支払 ¥11,000
適格請求書
税額控除対象外なので買手が支払う税金が多い
支払 ¥11,000
消費税 ¥1,000
紙をなくして電子化するのは経理の身としてもありがたいわ
ま、わたくし的には大好物の紙が無くなると困っちゃうんですけどね
ちょ、それ弊社の登記済権利証！
ムシャムシャ
前回の作画をとことん流用してるのも、ある意味で電子化(デジタル)の強みだなぁ…(笑)

ウサギ社長のDX講座❷

AX、BX、CX、EX……DX以外にもある多様な○Xたち

あなたは、DX以外にも「○X」という用語を聞いたことがありますか？「なんとなく耳にした気がする……」なんて人も多いんじゃないでしょうか。ということで、「○○トランスフォーメーション」をはじめ「○X」と呼ばれる言葉たちをまとめてみました。

AX	●アプリ・トランスフォーメーション ●アライアンス・トランスフォーメーション ●AI（Artificial Intelligence）・トランスフォーメーション ●アドバタイジング・トランスフォーメーション
BX	●ビジネス・トランスフォーメーション ●ブランド・エクスペリエンス
CX	●カスタマー・エクスペリエンス
DX	●デジタル・トランスフォーメーション ●デベロッパー・エクスペリエンス
EX	●エンプロイー・エクスペリエンス
FX	●フォーリン・エクスチェンジ
GX	●グリーン・トランスフォーメーション
HX	●ヒューマン・トランスフォーメーション
IX	●インダストリアル・トランスフォーメーション ●インテリジェント・トランスフォーメーション ●インターネット・エクスチェンジ
JX	●ジャパン・トランスフォーメーション
KX	●カイシャ・トランスフォーメーション
LX	●ラーニング・トランスフォーメーション
MX	●マネジメント・トランスフォーメーション ●モビリティー・トランスフォーメーション ●マルチ・エクスペリエンス
NX	●ニューラル・トランスフォーメーション
OX	●オフィス・トランスフォーメーション
PX	●ポートフォリオ・トランスフォーメーション ●パーソナル・トランスフォーメーション

QX　●クオンタム・トランスフォーメーション

RX　●リサーチ・トランスフォーメーション

SX　●サステナビリティ・トランスフォーメーション

TX　●トータル・エクスペリエンス

UX　●ユーザー・エクスペリエンス

VX　●ビジュアル・トランスフォーメーション

　　●バーチャル・トランスフォーメーション

WX　●ワーク・トランスフォーメーション

XX　●X線・トランスフォーメーション

YX　●ヨコハマ・トランスフォーメーション

ZX　●税理士・トランスフォーメーション

出典：データのじかん「AX、BX、CX、DX、、、どこまであるの？調べてみた！」

「X」に込められる意味

KX、YX、そしてZXまで来るともはや「なんでもあり？」って感じですよね。そして、注目してもらいたいのは、すべての「〇X」に共通することとして、「〇」に入るのはあくまで修飾語であって、実現したいことは「X」に込められている点です。

もちろん世間からの注目を狙って名付けた可能性もありますが、注目を浴びれば、それだけ多くの人に新しい考え方が伝わっていくことになります。その結果、AX、BX、CX、DX……などのたくさんの「〇X」が登場しているのでしょう。

変わらないことに注目してみる

Amazon.comの創設者であるジェフ・ベゾス氏は「何が変わるかではなく、何が変わらないか」に注目するべきとし、自社の事業ドメインであるeコマースビジネスにおいても今後10年で「何が変わらないか」が重要だと語りました。eコマースビジネスでは、10年後も消費者は安いもの、そして素早い配送や品数の豊富さを変わらず求めていくだろうと語っています。

変化が激しい時代の波にのまれるだけでなく、その根底にある「変わらないこと」、実現したい「X」を見失わないようにしたいものです。時には立ち止まって、現在の状況を一度省みてみることも必要なのかもしれません。

執筆／ウイングアーク1st株式会社・野島 光太郎

本腰入れて学ばないと…

賢者の館へようこそ(笑)

ヘビー級

16単語

最後は、ビジネスパーソンでもわかる人は少ないハイレベルです。ここから先の用語がわかれば、きっとあなたは明日からDX博士として会社で重宝されるでしょう！

2025年の崖

経済産業省が「DXレポート」にて提示した、日本の近い将来に対する警鐘

時代遅れなシステムをこのまま使い続けると、2025年までに多額の経済的損失や社会的な混乱を巻き起こすと言われている。

ポイント1 経済産業省のDXレポート

経済産業省が「DXレポート」にて提示した、日本の近い将来に対する警鐘。2018年に発表された同レポートでは「日本企業がDXを推進しなければ、**2025年以降の5年間で、最大で年間12兆円の経済損失が生じる**」と記され、多くの企業に衝撃を与えた。

ポイント2 そもそもDXって?

DX（デジタルトランスフォーメーション）とは、**業務プロセスだけでなく企業活動の全体をデジタル化することで、企業のあり方そのものを変え、顧客に新しい価値を提供する大きな変革**を意味する。「2025年の崖」が提唱されて以降、DX推進に取り組む企業が増えたが、多くの企業はまだDXの前段階といえる「デジタル化」にとどまっている。

ポイント3 ボトルネックは?

「2025年の崖」では、次のような問題点が指摘されている。

- **既存のITシステムのレガシー化**
- **レガシーシステムを維持するエンジニアが足りない**
- **レガシーシステム保守の予算もかさんでいる**
- **新しい技術に対応できない**

関連キーワード　DX（P.016）

あ、未来からタイムスリップしてきました。
わっ!! 誰あんた!?
ポテンシャル
「2025年の崖」問題はご存じですよね? 2020年から2025年にかけて今のITシステムの基盤を作った人達の定年退職でブラックボックス化… 更に利用環境の変化…
長年継ぎ足しで構築されてきたシステム全体を把握してる人がいない
Windowsのフルサポート終了
日立製作所がメインフレーム(汎用コンピューター)製造撤退
固定電話網の廃止 etc...
その結果、なんと年間で12兆円もの経済損失になり日本が大変な事になってるんです! 僕はそれを現代の人達に伝えにやってきたのです。
たしかに未来人ぽいこと言ってる
それよりさーONE PIECEの最終回ってどうなった? マリトッツォの次にくるブームって何?
着てるのって私服?
来るところ間違えた…

『2001年宇宙の旅』みたいにかっこいい話なのかと思ったら、日本がピンチみたいな話でちょっとビックリしちゃいました。個人的にはDXを進めるためにはDXを「デラックス」って読んじゃうおじさんを減らすことが重要なんじゃないかなって思ってます。

ハプティクス（触覚技術）

実際にモノに触れているような感触を与える技術

iPhoneのホームボタンなどで、実際には物理的なボタンが存在するわけではないのに指でボタンを押し込んでいるような感触を得ることができるのは、この技術によるもの。

ポイント1 「接触型」が主流

通信技術は「**接触型**」と「**非接触型**」**に分類**され、接触型とは、カードと端子が直接接触して通信を行う。ハプティクス技術は一般に、この「**接触型**」**が主流**となっている。実は、実際に触れられている部分に振動を与え、リアルな感触をもたらすという技術自体は**数十年前から活用されている**。

ポイント2 ハプティクスの活用事例

ハプティクスを活用して、**ロボットアームの開発**が進んでいる。慶應義塾大学の野崎貴裕氏が手掛ける「リアルハプティクス技術」は、ロボットアームで触れたものの硬さを、人間が装着したグローブにフィードバックし、全く同じ動作をするというもの。この技術によって、**従来の「触れる／触れない」といった二元的な操作に留まらず、より柔軟な操作が可能になる**と言われている。

ポイント3 ハプティクスが秘める可能性

命を救ったり、生きづらさを解消できる可能性を持っている。例えば、路面の状態、タイヤの滑りやすさなど、車両の状態を各種データとして算出している事例もある。この技術を使えば常に車両の状態をチェックすることができ、事故の削減などにもつながる。

関連キーワード　スーパーシティ（P.098）、アフォーダンス（P.104）、ソニフィケーション（P.142）

週刊 ナウDEヤング
iPhoneのホームボタンや4DXの映画館のように触覚をデータ化するハプティクス（触覚技術）が注目を浴びてるのかぁ。
VR技術と組み合わせたらかなり臨場感あるゲームが作れそうだなぁー。
タイムくん作者
1コマ目でわりと説明しきれたんですが普段の4コマ分の原稿料もらえますか？
カタカタ
編集部スタッフ
ダメです。広げて下さい。
カタカタ
5G回線を使った遠隔の機械操作で手術医療まで実現出来る…かぁ。
執刀医
オペ室
週刊 ナウDEヤング
タイムくん作者
広げました。どうでしょうか？
カタカタ
編集部スタッフ
こういうの今回だけにしてくださいね…
カタカタ

ハプティクスって言葉になじみがなかったんですが、案外身近にあるんだなってのがちょっとビックリでした。最近は力の加減とかもできるみたいなので、そのうちロボットアームでも卵を上手に割ったり、介護ができたりできるようになりそうですね。

OODAループ

「みる」「わかる」「きめる」「うごく」を繰り返し行うことで
問題解決を目指す手法

Observe（観察）、Orient（状況判断、方向づけ）、Decide（意思決定）、Act（行動）の頭文字をとった。

ポイント1 OODAってなんのこと？

OODAの特徴は、一度きりの実行で終わるのではなく、調整しながらこのループを**何度も素早く繰り返す**ことにある。素早く繰り返すことで競合を圧倒し優位な立場を獲得することを目的とする。

ポイント2 PDCAとOODAの違い

OODAループは「相手の観察」から始まる。例えば競馬で馬券を買う時も、OODAの順に判断している。馬を見て（観察）、調子の良さそうな馬を見つけ（方向付け）、この馬で行こうと決めて（判断）、馬券を買う（実行）という流れだ。OODAが真価を発揮するのは、**このループを高速で回す**ことにある。

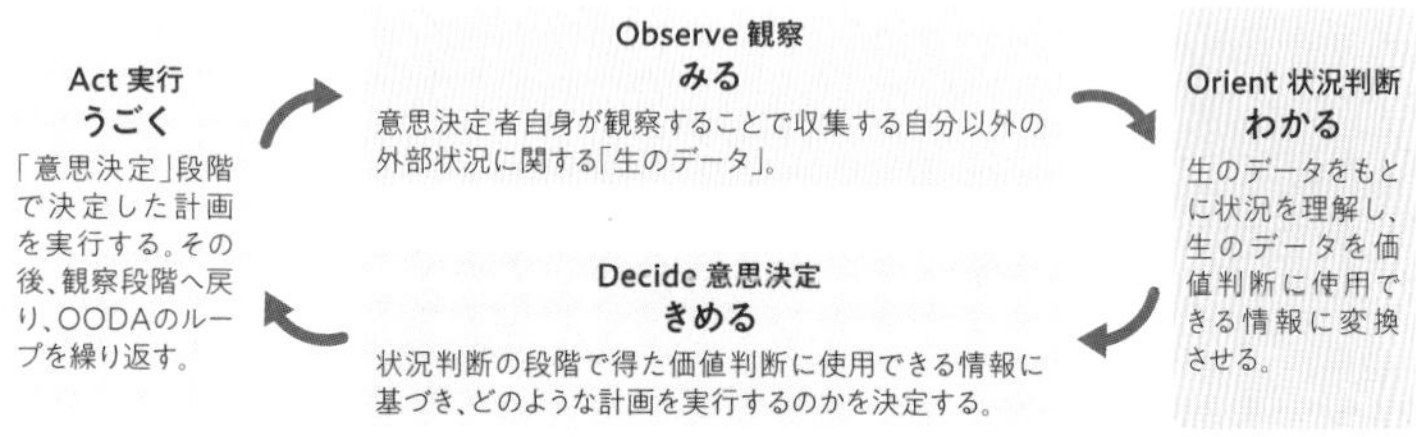

Observe 観察
みる
意思決定者自身が観察することで収集する自分以外の外部状況に関する「生のデータ」。
Orient 状況判断
わかる
生のデータをもとに状況を理解し、生のデータを価値判断に使用できる情報に変換させる。
Decide 意思決定
きめる
状況判断の段階で得た価値判断に使用できる情報に基づき、どのような計画を実行するのかを決定する。
Act 実行
うごく
「意思決定」段階で決定した計画を実行する。その後、観察段階へ戻り、OODAのループを繰り返す。

OODAループを速く回すことで、行動修正を素早く行うことができるだけでなく、
相手との関係において主導権を握ることも可能となる。

関連キーワード　仮説思考（P.042）、アジャイル開発（P.114）、レジリエンス経営（P.118）、EBPM（P.146）、ダイナミック・ケイパビリティ（P.150）、DIKWモデル（P.158）

OODAはジョン・ボイドっていうアメリカ人の戦闘機パイロットの人が考えたらしいです。PDCAってよく耳にする気がするんですけど、OODAはPDCAに代わるメソッドとして注目されてるそうです。

めざせ上場!
サービスの認知度と
売り上げアップを図ろう!
OODAループを使った
魅惑の緊急会議
早期の課題解決が必要な今日のミーティングはPDCAサイクルではなくOODAループで考えていきましょう!
Observe
観察
Orient
状況判断
OODA
ループ
Decide
意思決定
Act
行動
特に最初の観察。環境をじっくり見て正確なデータを得ることや、相手の出方をうかがってから始めるのが大事です。
じーーー
いや、会議でお互いの出方をうかがうのはやめましょう。
全然進まない…

Unknown Unknowns

自分が知らないということすら知らないこと

その事象について知る必要があることさえ知らず、もちろん発生の予測などできない「寝耳に水」の状態。

ポイント1 Unknown Unknowns（未知の未知）

例えば明日家に隕石が落ちてくるかどうかなど、普通は知る必要を感じることはなく、ましてや予測などできない。常に「自宅に隕石が落ちてくるかもしれない」などと心配していては、社会生活を送ることが困難になってしまうからだ。**知らないことを知らない、ということはそれについてどうすることもできない**、ということでもあり、これには大きな危険性が潜んでいる可能性もある。

ポイント2 リスク管理に役立つコンセプト

2002年のある記者会見で、イラク攻撃の正当性を追及されたアメリカのラムズフェルド元国防長官が「**Unknown KnownsとUnknown Unknowns（知っていると知らないこと、知らないと知らないこと）がある**」と述べた。この意味を紐解いていくとリスク管理のコンセプトとして役立つ。

Known Knowns （知っていると知っていること） 私たちが意識し、理解していること	Unknown Knowns （知っていると知らないこと） 私たちが理解はしているが 意識していないこと
Known Unknowns （知らないと知っていること） 私たちが意識はしているが 理解していないこと	Unknown Unknowns （知らないことを知らないこと） 私たちが意識も理解もしていないこと

関連キーワード	VUCA（P.072）、ダイナミック・ケイパビリティ（P.150）、 エフェクチュエーション（P.152）、DIBB（P.154）

アンノウン アンノウン？
フランフランみたいな？
タイムくん、女心を知らなすぎ！
てか、知らないって自覚すらない！
Unknown Unknowns ね!!

ふむふむ…
ザックリ言うと
知識を4タイプに
分けたうちの1つ。

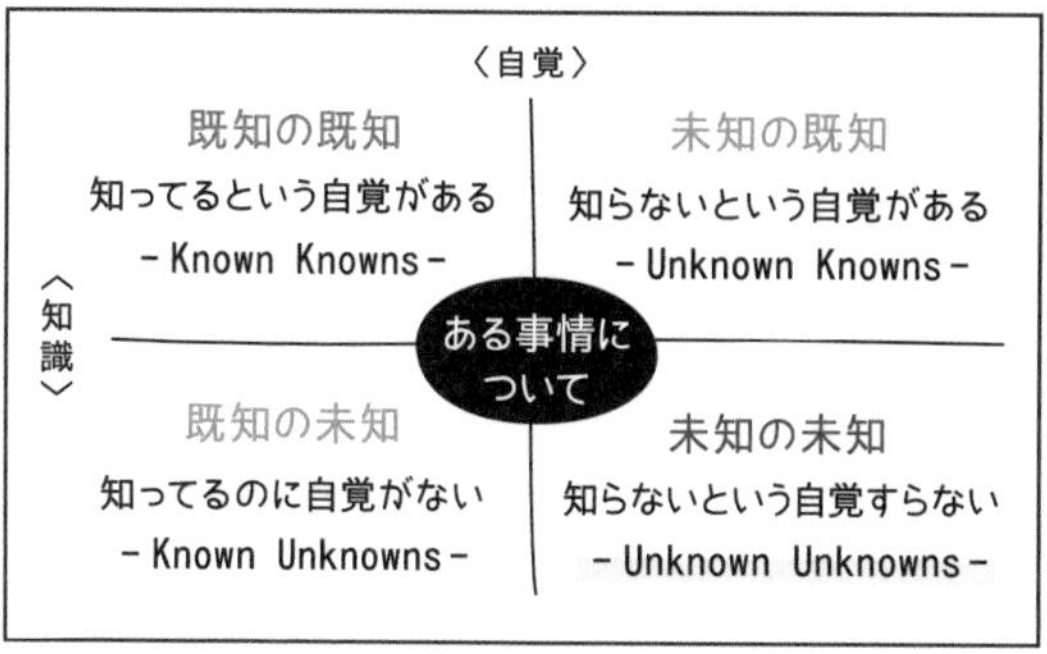
〈自覚〉
〈知識〉
既知の既知
知ってるという自覚がある
- Known Knowns -
未知の既知
知らないという自覚がある
- Unknown Knowns -
ある事情について
既知の未知
知ってるのに自覚がない
- Known Unknowns -
未知の未知
知らないという自覚すらない
- Unknown Unknowns -

呪いの言葉
みたいで怖い…
あなたが
"Unknown Unknowns"の
ことを知らないなんて
わたし知らなかったから、
Unknown Unknowns
Unknown Unknowns ね！

知っていること、知らないこと、知っていると知らないこと、知らないことを知らないことって唱えてるとなんかわけがわからなくなってきて、ほんと何かのおまじないのようにしか感じないですね。知らんがなって感じです（笑）

パルス型消費

瞬間的に「買いたい」という購買意欲が湧き、そのまま購入に至る消費行動

24時間いつでもどこでも買い物が可能な現代だからこそ、瞬間的な電流（パルス）が流れるように買い物をする消費行動のこと。

ポイント1 これまでの消費行動と何が違う？

パルス型消費はそれまで主流だった消費行動とは、一定のプロセスを踏まないという点で大きく異なる。知ってすぐに「欲しい！」と購入するのであれば事前の認知は必要ないということで「**Explore**（探索）→ **Hit**（ピンと来る）→ **Action**（買う）」のみとなる。

ポイント2 パルス型消費を引き起こす6つのトリガー

Googleが定性調査により導き出した、パルス型消費を誘発する6つの購入トリガーは次の通り。

❶**Adventure**（アドベンチャー）：ワクワクするものが欲しい
❷**Follow**（フォロー）：人気・評価の高いものが欲しい
❸**Power save**（パワーセーブ）：買い物に労力をかけたくない
❹**For me**（フォー・ミー）：自分にあったものが欲しい
❺**Safety**（セーフティ）：安全なものが欲しい
❻**Cost save**（コストセーブ）：お得なものが欲しい

関連キーワード	インフルエンサーマーケティング（P.030）、プロセスエコノミー（P.054）、ゼロパーティデータ（P.160）

パルス型消費について勉強したい衝動に駆られてポチったけど、たまには紙の本もいいいなぁ。
電子書籍の方が便利だけど
コルセット
ポチ
購買欲
時間
グーグルが名付けた現代人の消費行動で、スマホで24時間いつでもどこでも買い物をする衝動がまるで瞬間的に流れる電流(パルス)みたいだから…か。
ふむふむ
この衝動には6つのトリガーがあって販売戦略としても重要視されてるのかぁ。
Follow (フォロー) 評価の高いもの
Adventure (アドベンチャー) ワクワクするもの
For me (フォー・ミー) 自分にあったもの
Power save (パワーセーブ) 労力をかけたくない
Cost save (コストセーブ) お得なもの
Safety (セーフティ) 安全なもの
コル
だから僕、この本ポチっちゃたのか…
読み出したら止まらない！
1時間で読み切れる!!
パルス型消費入門
(オーガニックペーパー使用)
\20万部突破/
三日坊主にオススメ
291円+税

パルス型消費って「欲しい」と「買う」が直結しちゃってる感じなので、なんだか本能的というか動物的というか、ワイルドだぜぇって感じがして憧れるんですけど、衝動買いって長期的には後悔することも多いので気をつけようって思ってます。

ソニフィケーション

複雑なデータを直感的に理解するために、音に変換すること

本来は知覚できないデータを音響信号に変換して知覚可能にするテクノロジー全般を指し、データを視覚的に表現する「可視化」に対して、データを聴覚的に表現することから「可聴化」技術と呼ばれることもある。

ポイント1 天の川銀河を聴く

2020年9月、NASAで、宇宙望遠鏡が観測した「**天の川銀河の中心部**」**のデータをもとにメロディーを作成するプロジェクト**が実施された。星の明るさを音の大きさとすることによって、観測された一つ一つの星にそれぞれ音を振り分ける、というもの。

ポイント2 無限に続く円周率を聴く

3.14159……。2011年に「aSongScout」というYouTuberが「Song from π!」という、**円周率の並びをピアノの鍵盤に当てはめて制作した曲**を投稿している。

ポイント3 髪の毛を聴く!?

ソニフィケーションをビジネスの現場で活用し始めているのが化粧品業界。例えば、**毛髪データを音に変換し、髪の毛の健康状態を"聴く"ことができるソフトウェア**は、将来的に新しいヘアサロンを生み出す可能性を秘めた画期的なサービスだ。私たちの毛髪の表面にある、キューティクルのダメージを高感度のセンサーで読み込み、アルゴリズムが髪の状態を5段階で評価する。

関連キーワード	アフォーダンス(P.104)、ハプティクス(触覚技術)(P.134)

今日は機嫌悪いなぁ…
この時期、乾燥と静電気で髪が傷んでホント困るわぁ
まるごとドリアン
化粧品会社の日本ロレアルが毛髪データを音に変換するソニフィケーションの研究に成功したらしいね
へぇー どういうこと？
まるごとドリアン
髪の健康状態をセンサーで感知して音階に変換するの。ケアした後に髪をなでると状態が良いほどキレイなメロディが流れるから髪質改善がより明確に自覚できるんだよ！
Before
After
へぇー それで？
あ〜あ、僕の話にはドレもミがファいらずうわのソラですか〜。
シがない女なの…
まるごとドリアン

ソニフィケーションとは呼べないかもしれないですけど、それなりに長い原稿の誤字脱字チェックをする時に、ソフトに音読させてそれを聞くっていうのが結構効果的なんですよね。耳の判断力って場合によっては視覚より強力だったりするみたいです。

ゾンビデータ

存在する目的を失ったデータ

使われなくなった個人データやSNSアカウントなどのことを表す。

ポイント1 ゾンビデータの名前の理由

使われなくなったものの、ストレージ上に残り続けるデータのことを意味し、特にそうしたデータは退職した従業員が管理していたデータが多いことから、ゾンビデータと名づけられた。例えば、何年も利用された形跡のないデータや、名前が違うだけで内容が重複しているデータなどがゾンビデータに当たる。

ポイント2 SNSのゾンビアカウント

大手のSNSのアカウントを複数所有している人も多いが、作ったもののの**ほとんど利用しないうちに登録していたことを忘れられてしまっているアカウント**も数多くある。このようなアカウントも「ゾンビデータ」と呼ばれていて、こうした忘れ去られた個人情報を包含するアカウントはネット上に放置され続けている。

ポイント3 気づかぬうちにゾンビに

利用されなくなったアカウントはセキュリティのチェックが甘くなり、**第三者が不正にログインしやすくなってしまう**ため危険だ。そして一番怖いのが、自分が**気づかないうちにアカウントがゾンビ化している**というパターン。利用した覚えがないアカウントなのに「ログインしました」という通知が来ていた場合、そのアカウントは何者かに不正利用されている可能性が高い。

関連キーワード　ダークデータ(P.110)、ゼロパーティデータ(P.160)

利用しなくなったサイトのユーザー情報や、SNSのアカウント情報…
セキュリティが甘くなったそれらのデータは、悪用されゾンビのように蘇る…
ゾンビデータ
来春全国ロードショー
この映画、面白いかなぁ?
ゾンビデータ
来春全国ロードショー
そんなことより冷蔵庫の奥からゾンビニンジンが出てきたけど…
いつ買ったやつ
※架空の映画です

退職した人の名前のフォルダがチームの共有ストレージにずっと残ってるけど、その中身を確かめた人はいないって、職場あるあるですよね。正直僕もフォルダの中身を確認する作業はしたくないです（笑）

EBPM

エビデンスに基づく政策立案

Evidence-based Policy Makingの略で、確かなエビデンスに基づいて政策の決定や実行、効果検証を行うことを意味する。

ポイント1 直感ではなく、効果が大事!

EBPMにおけるエビデンスは「**ある事業により実際にもたらされた効果**」**のことを指す**。直感と反する結果だとしても、確かなデータや検証に基づいて政策立案に取り組む手法だ。

ポイント2 例えばどんなもの?

健康診断を受けている人ほどBMIや血圧など健康にまつわる指標が良いというデータがあったとする。このデータだけを見て、「健康診断を受ければ受けるだけ健康になるから健康診断を義務化しよう!」と考えるのは早計だ。そこで、ランダムに対象を振り分け比較することで、因果関係を検証するランダム化比較試験(RCT)などの手法を行った場合、これもEBPMにあたる。

ポイント3 効果検証に必要な4要素

エビデンスの効果検証に必要な要素を4つにまとめたフレームワークをPICO(ピコ)という。以下の4つの英単語の頭文字だ。

- **P:Population**(**誰に対しての施策か?**)
- **I:Intervention**(**どんな施策を行うのか?**)
- **C:Comparison**(**誰を比較対象とするのか?**)
- **O:Outcome**(**何に対しての効果を検証するのか?**)

関連キーワード	仮説思考(P.042)、ハードデータとソフトデータ(P.056)、オープンデータ(P.062)、OODAループ(P.136)

エビデンスに基づいてポリシーを作るのが本来のやり方なんですけど、ポリシーに基づいたエビデンスを探すみたいな本末転倒なことが結構行われていて、それをPBEM（Policy-based Evidence Making）って呼ぶらしいです。

これからの政治にはEBPMが…
EBPMって何？PPAP的な感じ？
シンパシー
政策立案の前提となる事実認識
政策と効果を結びつけるロジック
政策のコストと効果の関係性
エビデンス（確かな検証）に基づいた政策立案だよ。
PPAP…微妙に古いな（笑）
へぇ〜
シンパシー
合理的だし国民も納得でしょ？でも、ちゃんと実現するためには膨大なデータや迅速な検証が必要だから、AIを活用したり行政のDXへの取り組みも重要になってくるんだ。
なんとなく消費税50%にしちゃうか
確かに思いつきの提案は困る（笑）
シンパシー
ちなみに、キミの方が僕より年収高いってエビデンスがあるからこれからのデート代はキミ持ちって提案は…
スリスリ
ダメンズ育成に繋がるエビデンスがあるのでその案は否決で！

SECIモデル

組織が知識を創造するためのプロセスを4タイプに、分類しそれらの機能や相互作用について体系化したモデル

読み方は「セキモデル」。「共同化(Socialization)」、「表出化(Externalization)」、「結合化(Combination)」、「内面化(Internalization)」、それぞれの頭文字を取って「SECI(セキ)」という名称にまとめている。

ポイント1 暗黙知と形式知

形式知とは言葉や図など人に説明できる形に変換された知識のことで、暗黙知はたしかに個人の中にはあるものの「言葉にできない」「言語化しても伝わらない」といった理由で**人に説明できない状態の知識**を指す。野中郁次郎一橋大学名誉教授は**知識を創造・活用することを経営の核とする「知識経営」**を提唱し、知識経営のプロセスを示す「SECIモデル」を考案した。

ポイント2 SECIモデルの概念

「共同化」: 体験を通じて**暗黙知を共有する**
「表出化」: 暗黙知を形式知として**わかりやすく伝える**
「連結化」: 形式知を組み合わせ**新たな知識を生み出す**
「内面化」: 形式知を取り入れ、**個人・組織の知識を増やす**

関連キーワード　レジリエンス経営(P.118)、DIKWモデル(P.158)

説明してもなかなか伝わらない類のことって結構ありますよね。例えば、「セキモデル」って聞いて関さんって名前の人が考えたモデルだろうなって思ったら全然違った時の僕のちょっと虚しいような気持ちにも名前をつけたいです。

ザ☆ミーティング
『SECIモデル』
なんか、うちの会社もSECIモデルってのを導入するようにってことらしいのでヨロシクね。
SECIモデルって何ですか?
ヒソヒソ
社員個人の仕事のコツやノウハウを全社で共有して組織全体のスキルアップを図るメソッドの1つよ。
暗黙知
暗黙知
Socialization
共同化
Externalization
表出化
形式知
暗黙知
Internalization
内面化
Combination
連結化
形式知
暗黙知
形式知
形式知
このサイクルをグルグル回すの。
暗黙知…経験や直感など言語化しづらい知識
形式知…文章や図式などで説明しやすい知識
って、どしたの?!
暗黙知
共同化
形式知
表出化
内面化
連結化
知らない言葉が盛りだくさんでグルグル回すもの変わっちゃった(笑)

ダイナミック・ケイパビリティ

**企業が時代や市場の変化に合わせて
自社の経営戦略を変革する能力**

ダイナミック・ケイパビリティは直訳すると「動的な能力」。時代や市場がどれだけ変化してもその流れに沿って自らの姿を変え、生き残っていく能力のことを指す。

ポイント1 ダイナミック・ケイパビリティの3要素

ダイナミック・ケイパビリティとは、外的要因に機敏に反応し、生存確率が高い戦略を選択すること。そのためには下記の3つの要素が不可欠だと言われている。

❶**感知**（**センシング**）：周囲の環境の変化に気づく
❷**捕捉**（**シージング**）：感知した変化に合わせてすでに持っている能力を再構成する
❸**変容**（**トランスフォーミング**）：新たな力を企業全体に波及させ、組織全体を変革する

ポイント2 ダイナミック・ケイパビリティにつながる「共特化の原理」

2つ以上のバラバラの経営資源を掛け算することで相乗効果や相互補完の効果を発生させるという考え方を「**共特化の原理**」という。

感知
センシング
周囲の環境の変化に気づく
ダイナミック
ケイパビリティ
変容
トランスフォーミング
新たな力を企業全体に波及させ、組織全体を変革させる
捕捉
シージング
感知した変化に合わせて既存の力を再構成する

関連キーワード　DX（P.016）、VUCA（P.072）、Unknown Unknowns（P.138）、エフェクチュエーション（P.152）、DIBB（P.154）

「強いものが生き残ったのではない、変化できるものが生き残るのだ」っていうダーウィンの名言を知ってめっちゃカッコイイって思ったんですけど、実はそれを言ったのはダーウィンじゃない、みたいな話もあって、世の中ややこしいなぁって気持ちになってます。
感知：危機や機会を察知する
毎週毎週、家族より馬が大事なら出て行くよ！
いけいけ！
捕捉：既存の資源・知識を応用する
ふむふむ
世間からはギャンブルのイメージが強いけど、スポーツとしての一面もあるし、馬の性格や血統、騎手の能力も併せて考察するのが楽しいんだ。
変容：組織を再構築して競争力を高める
…。
いけいけ！
これがオレ流のダイナミック・ケイパビリティだ。
むしろ、競馬ビリティって感じですね（笑）

エフェクチュエーション

成功を収めてきた起業家に見られる、従来とは異なる思考プロセスや行動のパターンを体系化した意思決定理論

エフェクチュエーション（Effectuation）の概念は「原因と結果」の性質について、社会科学において長らくもたれていた信念に対しての挑戦であり、社会現象についての新しい洞察を生み出す源泉でもある。

ポイント1 誰が言い始めた理論?

インド出身の経営学者サラス・サラスバシー氏が2008年に書籍の中で体系化した意思決定の理論。エフェクチュエーションは、市場で発見されるものではなく「**つむぎ出される**（**Fabricated**）」**もの**とされている。未来は予測可能であるが故に目的から逆算する「**因果推測**（Causation）」という考え方の対比である。サラスバシー氏は、「コーゼーションとエフェクチュエーションのどちらが優れているという話ではなく、どちらの思考プロセスも効果的に活用することが重要だ」と語っている。

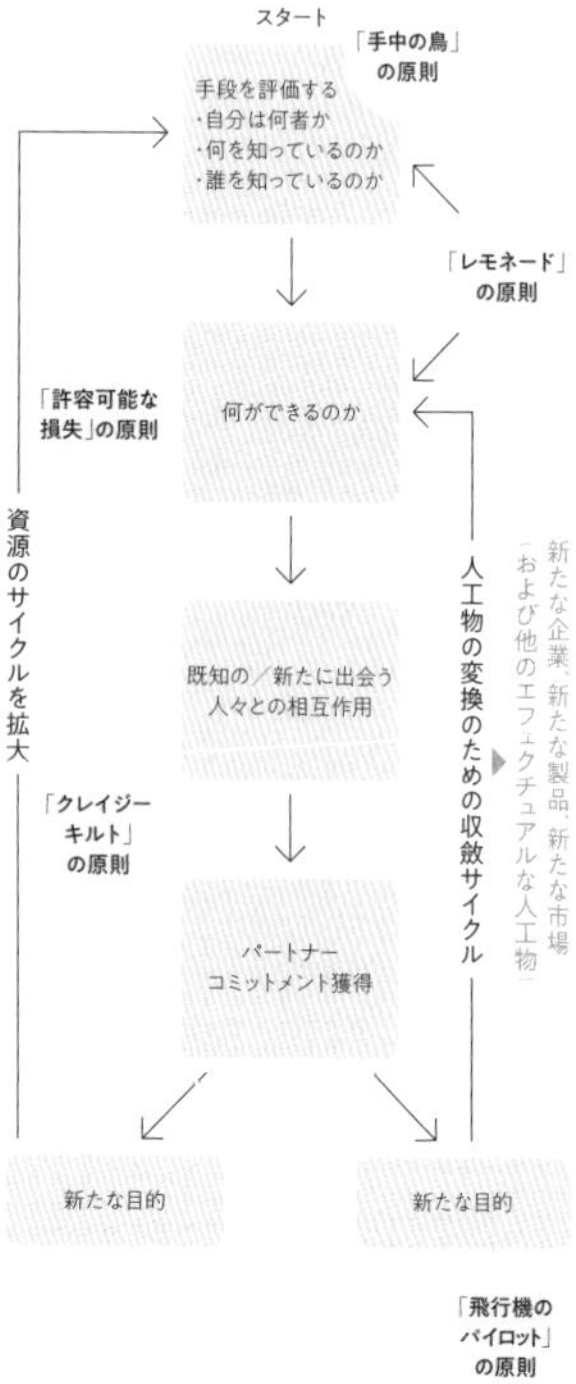

出典：「2011 The Rector and Visitors of the University of Virginia」をもとに作成

関連キーワード
DX（P.016）、仮説思考（P.042）、VUCA（P.072）、Unknown Unknowns（P.138）、ダイナミック・ケイパビリティ（P.150）、DIBB（P.154）

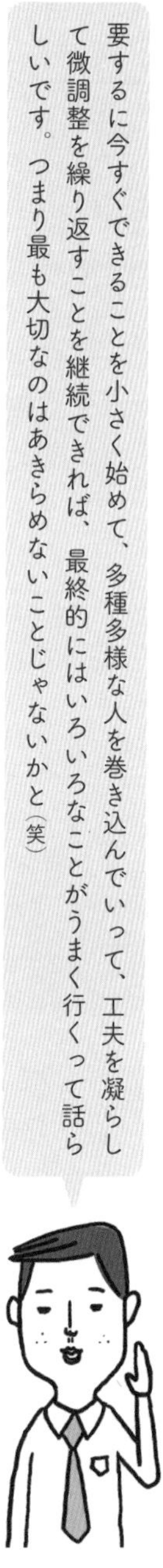

要するに今すぐできることを小さく始めて、多種多様な人を巻き込んでいって、工夫を凝らして微調整を繰り返すことを継続できれば、最終的にはいろいろなことがうまく行くって話らしいです。つまり最も大切なのはあきらめないことじゃないかと（笑）

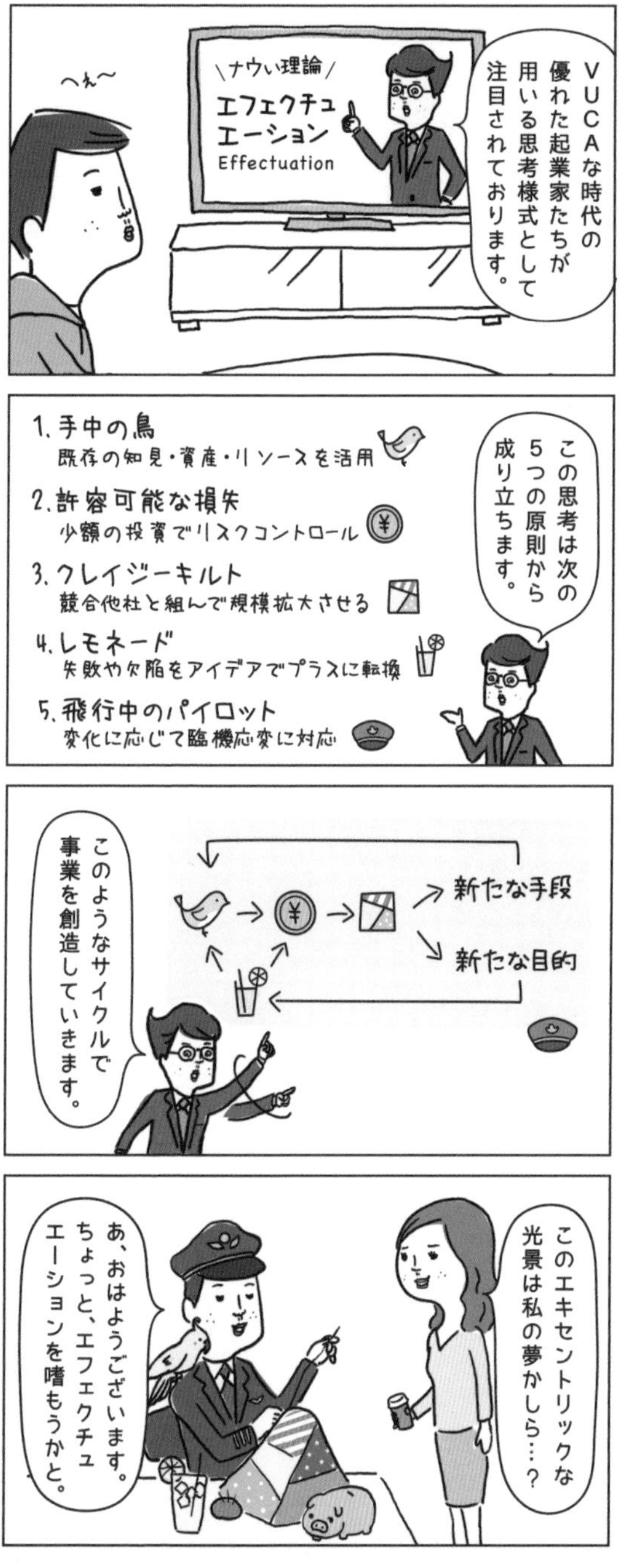

VUCAな時代の優れた起業家たちが用いる思考様式として注目されております。
＼ナウい理論／
エフェクチュエーション
Effectuation
へぇ〜
この思考は次の5つの原則から成り立ちます。
1. 手中の鳥
既存の知見・資産・リソースを活用
2. 許容可能な損失
少額の投資でリスクコントロール
3. クレイジーキルト
競合他社と組んで規模拡大させる
4. レモネード
失敗や欠陥をアイデアでプラスに転換
5. 飛行中のパイロット
変化に応じて臨機応変に対応
このようなサイクルで事業を創造していきます。
新たな手段
新たな目的
このエキセントリックな光景は私の夢かしら…？
あ、おはようございます。ちょっと、エフェクチュエーションを嗜もうかと。

DIBB

Spotify Technologyの社内で使われている意思決定や議論のフレームワーク

「Data（データ）」「Insight（洞察）」「Belief（仮説）」「Bet（リソース投入）」の頭文字を取っている。

ポイント1 最後が「Bet」＝賭けである

DIBBで注目してほしいのが、**最後がBetである**ということ。つまり、**必ず成功すると決まったものではない**わけだ。あらかじめ定めたKPIのデータを収集し、再度インサイトを得て……とサイクルを回すことが前提となっている。

ポイント2 最小単位「スクワッド」

DIBBフレームワークは「カンパニーベット」と呼ばれるSpotifyの目標とその優先順位を決めるための仕組みの一環。そもそもカンパニーベットとはSpotify内の**複数のチームをまとめ、全社で取り組むべきミッションを提示する**ために策定されるものだ。

●カンパニーベットの構造

スクワッド	プロダクトオーナー、デザイナー、データサイエンティストなどで構成されたプロダクト開発の最小単位
トライブ	いくつかの関連するスクワッドのまとまり
チャプター	同じ専門性を持つメンバーで構成されたトライブ内の横のまとまり
ギルド	トライブ・スクワッドを横断して構成される有志の集団

関連キーワード
VUCA（P.072）、Unknown Unknowns（P.138）、SECIモデル（P.148）、ダイナミック・ケイパビリティ（P.150）、エフェクチュエーション（P.152）

Spotifyで音楽聴いてて
気付かなかった
お待たせ
何聴いてたの？
ちなみに、Spotifyは
意思決定フレームワーク
DIBBを実践してて
DIBB
Data：施策のためのデータを収集する
Insight：データから洞察を得る
Belief：向かうべき事に確信を持つ
Bet：リソースや資金を投資する
で、何聴いてたの？
データによると、スマホで音楽を
聴く人が増えたから、これからは
スマホファーストでサービスを
展開したいけど、社内に開発者が
少ないから、スマホアプリに強い
開発者の採用に力を入れたの
だからさぁー
何の曲聴いてたの？
無視かよ…
いや、だから答えてるじゃん
『ちなみに、Spotifyは
意思決定フレームワーク
DIBBを実践してて、
データによると、スマホで音楽を
聴く人が増えたから、これからは
スマホファーストでサービスを
展開したいけど、社内に開発者が
少ないから、スマホアプリに強い
開発者の採用に力を入れたの』よ
えっ、曲名っ?!
長っ!!

データに基づいて「賭け」に出るって発想がデジタルネイティブな感じがしてすごく今っぽいなぁって思っちゃいました。うまくいくかどうかなんてどれだけ考えてもわかるわけないですもんね。

スクレイピング

データを収集した上で利用しやすく加工すること

英単語の「scraping（こすり、ひっかき）」に由来し、特にWeb上から必要なデータを取得すること。スクレイピングを自動化すれば、データ活用の前準備にかかる手間・時間を大幅に省略できる。

ポイント1 スクレイピングの実践方法

スクレイピングの実践方法は大きく分けて2つ。1つめは**スクレイピングツール・サービスを利用する方法**。2つめは**自分でプログラミングする**方法。

ポイント2 実際にやってみると……

プログラミングによるスクレイピングの実行手順は以下の通りだ。

❶スクレイピングしたいデータを決定する

まずは、“どこからどのデータを取得したいのか”を決める。スクレイピングはあくまでも手段なので、集めたデータが実際に活用できるかどうかは、ここでどれだけ明確に目的を定められるかに大きく左右される。

❷対応するHTMLを調べる

スクレイピングの対象が決まったらキーボードの「F12」キーを押す、もしくは「Google Chrome（Webブラウザ）」の「右上の『…』＞その他のツール＞デベロッパーツール」でデベロッパーツールを開く。デベロッパーツールでWebサイトのHTML構成を確認することができる。

❸プログラミングを行う

関連キーワード　ビッグデータ（P.028）、API（P.032）、ビジネストランスレーター（P.112）

似たような用語でクローリングっていう言葉もあるんですけど、そっちはウェブからデータを収集してくるだけなのに対して、スクレイピングはちゃんと加工までして使える状態にするところまでが含まれるっていう違いがあるそうです。

爪噛んでるところすみません
部長から「必要なデータを収集して使いやすく加工できるようスクレイピングのプログラムを組めるようになって」って言われたんですけど、何の言語使えばいいですかね？
データ抽出元
(Webサイトなど)
スクレイピング
python
抽出・出力
XLS
PDF
CSV
JPG
データ収集・分析が得意なpython（パイソン）が手軽でイイと思いますよ
バイソン？
そうそう！ウシ科の哺乳類で、体形は前半身から頭部が発達していて体毛は褐色ないし黒褐色で頭部から胸部にかけて毛が長く角は上前方に湾曲するけどあまり長くは伸びないのが特徴で、北アメリカ大陸に住む『アメリカバイソン』と、ユーラシア大陸に住む『ヨーロッパバイソン』の二種類が存在するけど、それぞれを別種とする説と同一種の亜種とする説があるあの動物ね！
って、なんでやねん！
ノリツッコミとかする人でしたっけ？
M1グランプリに感化されたのかね
にしても無駄に詳しい(笑)

DIKWモデル

情報を４つの階層に分けるフレームワーク

データ(Data)→情報(Information)→知識(Knowledge)→知恵(Wisdom)の４階層で企業に蓄積された「知識」を蓄積し、共有し、企業の競争力を向上させるための経営戦略の策定などに活用する。

ポイント1 そもそもナレッジ(知識)とは何か?

DIKWモデルでは、以下のように分類している。

❶**データ**＝数値や実験結果、文章、音声、動画など人間の解釈の素材となるものすべて

❷**情報**＝データを整理・分析し、解釈できるようにしたもの

❸**知識**＝データや情報、体験を通じて得られた理解やノウハウ

❹**知恵**＝知識を深く体得することで身につく、普遍的な問題解決能力や発想力

ポイント2 DIKWモデルの具体的な使い方

例えば、「ある食品AのPOSデータ」があったとする。

・**データ**：購入日時、個数など登録されたデータすべて

・**情報**：Excelやデータベースで整理されたデータ

・**知識**：水曜日の7：00～9：00には、30～40代の男性により商品Aが購入される傾向にある

・**知恵**：ミドル層の男性には全国的に○○への需要が高い。特定のデータに注目しすぎず、他と掛け合わせて検証した方が良い

このように、**データは情報、知識を経て「知恵」へと昇華されて、初めて使えるようになる**。

関連キーワード POSデータ(P.080)、OODAループ(P.136)、SECIモデル(P.148)、DIBB(P.154)

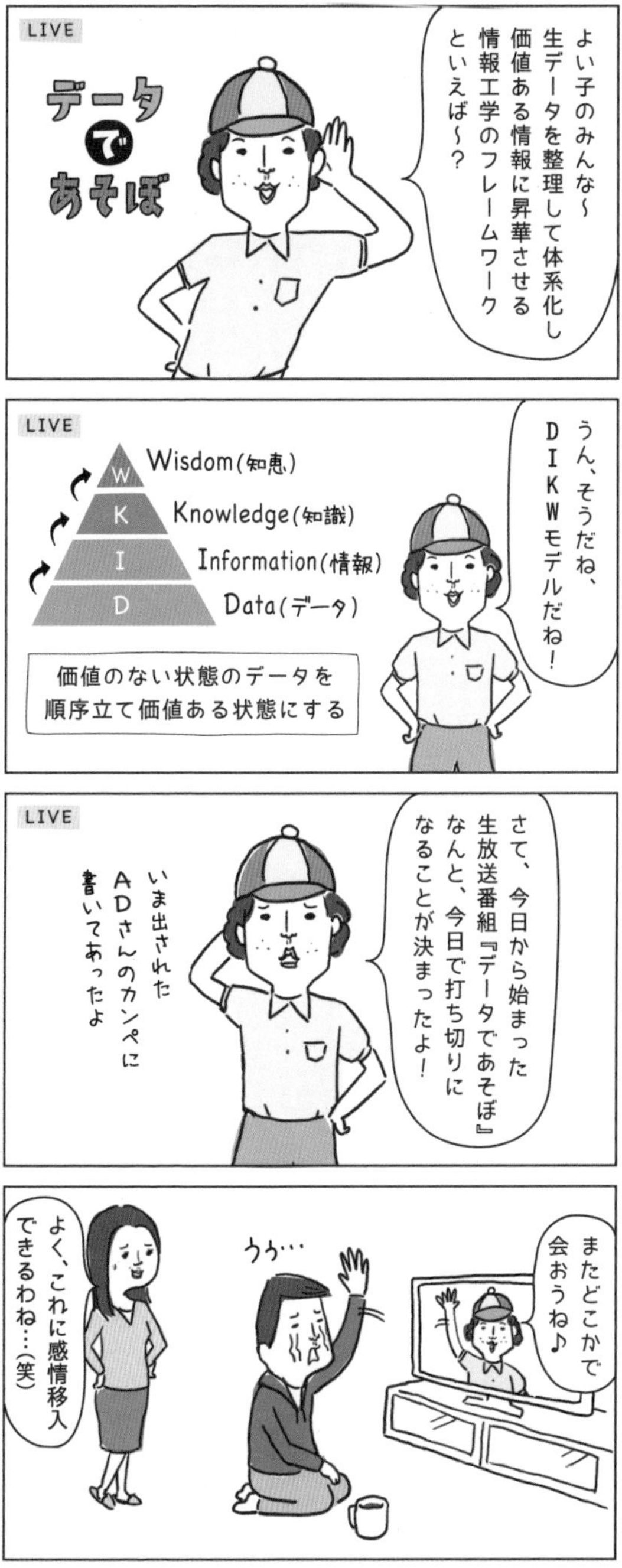
LIVE
データであそぼ
よい子のみんな～
生データを整理して体系化し
価値ある情報に昇華させる
情報工学のフレームワーク
といえば～？
LIVE
うん、そうだね、
DIKWモデルだね！
Wisdom(知恵)
Knowledge(知識)
Information(情報)
Data(データ)
W
K
I
D
価値のない状態のデータを
順序立て価値ある状態にする
LIVE
さて、今日から始まった
生放送番組『データであそぼ』
なんと、今日で打ち切りに
なることが決まったよ！
いま出された
ADさんのカンペに
書いてあったよ
またどこかで
会おうね♪
うう…
よく、これに感情移入
できるわね…(笑)

すぐに役に立つけど来年には全く価値のない情報もあれば、すぐに役に立つわけじゃないけど、覚えておくと一生役に立つ知識もあるので、たしかに自分の知ってることがDIKWのどれに分類されるのかを考えるのって結構大事かもしれないですね！

ゼロパーティデータ

顧客が意図的・積極的に企業と共有するデータ

ネットサーフィンなどしている時に質問形式の画面が出てきて、それに答えていくと、自分に合った商品が表示される、というような、仕組みを工夫することで得られる顧客データのこと。

ポイント1 なぜ、ゼロなの？

なぜゼロなのかというと、マーケティングの分野ではサイトを訪れた時に得られるクリック数などの「**自社で集められるデータ**」を**ファーストパーティデータと呼んでいる**から。この他にもGoogleなどの第三者が集めているCookie（Webサイトとユーザー間でやり取り・保存されるアクセス情報）などの膨大なデータを**サードパーティデータ**と呼ぶ。

ポイント2 注目されている理由

ゼロパーティデータが重要だと言われているのは、**世界的なサードパーティデータの規制**が背景にある。Googleなどの第三者によって集められたサードパーティデータのプライバシーの問題は昔から指摘されていた。そこで注目を浴びたのがゼロパーティデータだ。ゼロパーティデータは**顧客自身の同意を得ている**ので、**プライバシーの問題が解決されたデータ**として期待されている。

ポイント3 ゼロパーティデータのデメリット

ゼロパーティデータにもデメリットがある。それは「**データの数が少ない**」こと。顧客から同意を得なくてはならないということは、そもそも既にいる顧客の中でも同意を得た顧客に絞られるため、データ数は圧倒的に少なくなる。

関連キーワード　オープンデータ（P.062）、パルス型消費（P.140）、ゾンビデータ（P.144）

YouTube動画を再生すると、数秒の広告が流れるパターンとアンケートに協力するパターンがありますね。後者がまさにゼロパーティデータって呼ばれるものだったんですね。パーティーの0次会みたいなのかと思ってました（笑）

めくるめく
ゼロパーティデータ
お勉強会☆
最近、「ゼロパーティデータ」が注目を集めてますが、簡単に言うと、お客様から同意を得て収集した情報のことです。
比較としてファースト・セカンド・サードパーティデータもあって、それぞれ取得の仕方や特徴が違います。
ゼロ アンケートなど、消費者から同意を得て集めた情報
1st 自社で集めた顧客情報（氏名・年齢・メアド・履歴など）
2nd パートナー会社などから集めた他社のファーストパーティデータ
3rd データ収集企業や自治体など第三者から得た広範囲な情報
ふむふむ
ゼロパーティデータは収集数やコストの懸念はありますが、確実に顧客のニーズを汲み取りコアなファンづくりに役立つ他プライバシーの懸念もクリア出来るので今の時代にマッチしてると言えます。
ふむふむ
勉強になりましたね〜
あ、あれ？「そのパーティじゃないから！」とか誰かツッコんでよ〜
今日のために買ったのに…

フルーガル・イノベーション

質素・倹約なイノベーション

予算や時間、エネルギーなどのリソースが限られた中で、より多くのビジネス・社会的価値につながるソリューションを生み出すこと。

ポイント1 採用から「フルーガル」な体制を作り上げた「Renault（ルノー）」

自動車会社のルノーは1999年、ロシアの競合他社が自社製品の半分以下である$6,000で自動車が発売しヒットを飛ばしたことに危機感を覚え、自社のイノベーション文化の抜本的な改革に乗り出した。そこで同社が取ったのが、「**限られた資源と環境の中でも活躍できる人材の獲得から、イノベーションをスタートさせる**」という戦略だ。結果として、ルノーはヨーロッパ内で多くの市場を獲得した。

ポイント2 フルーガル・イノベーションの6原則

❶エンゲージと反復

❷資産を生かす

❸持続可能な解決策を生み出す

❹消費者のふるまいを形にする

❺プロシューマー（Producer〈生産者〉とConsumer〈消費者〉を組み合わせた造語で、生産活動を行う消費者のこと）**たちと価値を協創する**

❻イノベーション仲間をつくる

イノベーションを目指すとなるとついつい大きく構えがちだが、**質素・倹約を維持したままでも、むしろ、維持したままだからこそ、**本当に問題解決につながる成果を生み出せることもある。

関連キーワード	オープンイノベーション（P.022）、ポジティブ・デビアンス（P.116）、ダイナミック・ケイパビリティ（P.150）

フルーガルなイノベーションってホテルで出てくるフルーティーでラグジュアリーなブレックファストみたいな響きだなって思ってたんですけど、地味にコストカットすることで新しいアイデアを生み出す的な意味だったんですね、って真逆でした(笑)

フルーガル＝倹約・簡素な
最近は特にアジアを中心にフルーガル・イノベーションって考え方が広がってますね。
フルーガル・イノベーションの対策例
●必要最低限の機能を低価格で提供
●無駄な装飾を排除してコスト削減
●廃材などを利用してコスト削減
…etc
コストを最小限に抑えて価値あるものを提供するだけじゃなく、環境への配慮にも繋がる良い考え方ですよね。
既に基盤が出来てる先進国ではすぐには受け入れが難しいけどフットワークの軽い新興国や途上国のベンチャー企業なら取り入れやすいからリープフロッグ現象にも拍車がかかりそうですよね。
我が社も若い企業としてこの考え方は取り入れていきたいですね！
…て、ちょっと作者さん！作画が手抜きじゃない?!
にしても最近よく登場するなぁ
テヘ
あ、最小限の労力で漫画にもフルーガル・イノベーションを…

DXはデジタルによる人間の進化への挑戦だ！

アストロ・テラーの図

インターネットの普及とともにネット文化が発達したように、日々進化するデジタルテクノロジーによって、私たちの生活は目まぐるしく変化しています。その結果、未来はますます予測不能で不確かなものとなりました。以前はビジネスを進める上で強力な武器であったはずの成功体験やセオリーですらバイアスとなって、目の前の課題を解決できなくなるケースもあるでしょう。

この状況を的確に説明しているのが、Googleの秘密研究所「X」を統括していたアストロ・テラー氏が説明した下の図です。この図は、「テクノロジーが進化する速度が、人間の適応能力の進化のスピードをはるかに凌いでいる」ことを表しています。そして、「私たちはここにいる」と図に示された地点が示すように、もはや平均的な人間が適応できる範囲を超え、人間社会は新たな領域に到達していると考えられているのです。

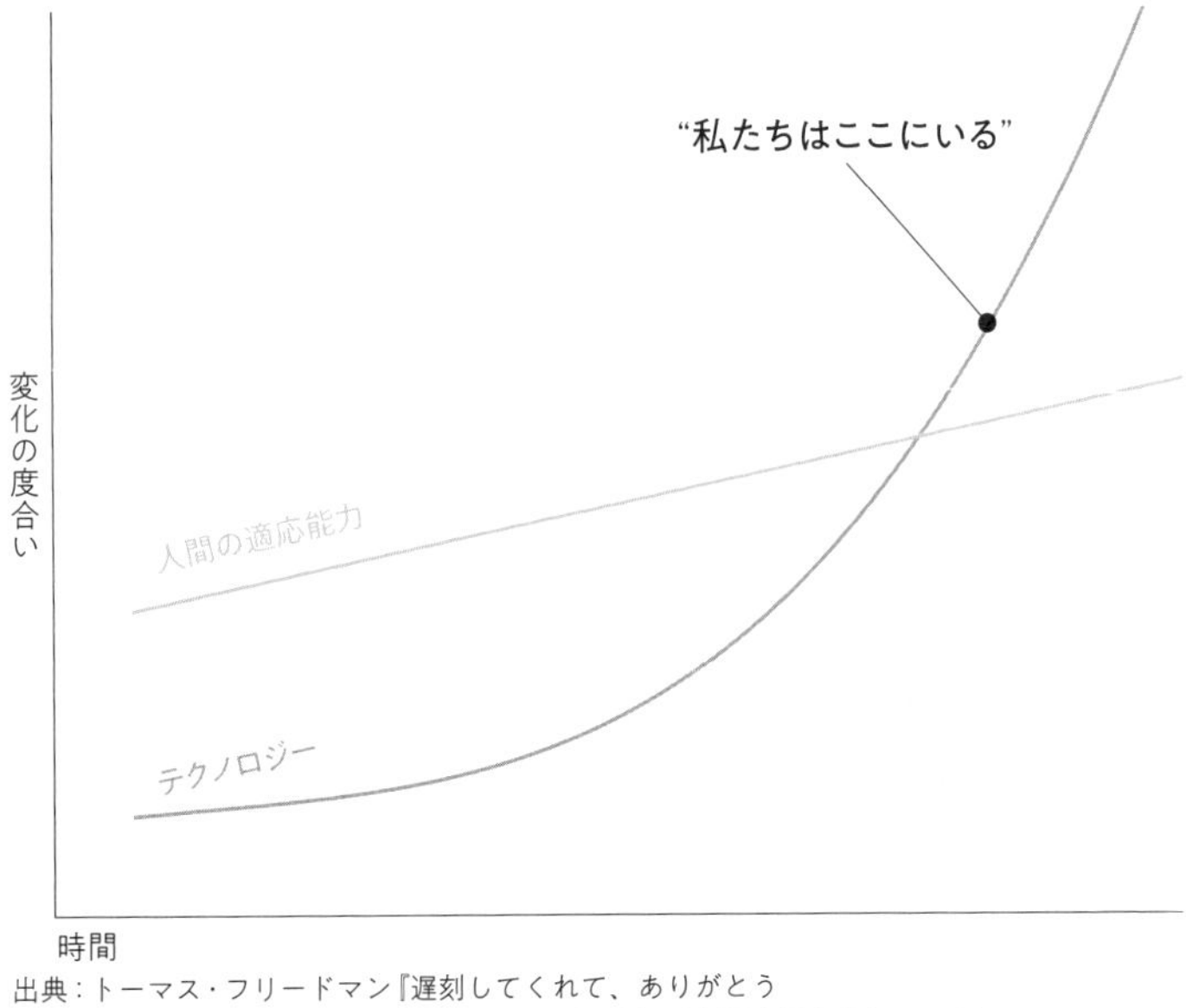

出典：トーマス・フリードマン『遅刻してくれて、ありがとう
上：常識が通じない時代の生き方』日経BPM（日本経済新聞出版本部）、2018年

DXがギャップを埋める

このように、「アストロ・テラーの図」は、テクノロジーが進化するスピードに人間の適応能力が対応しきれていない状況を説明していますが、その状況以上に重要なのが、両者の変化に対応するスピードです。具体的には、人間の適応能力は飛躍的な加速が難しいのに対して、テクノロジーは指数関数的に進化するのです。実際、テクノロジー分野が必死にIT化を推進していたのは過去の話。わずか10年でDXという新しい概念を生み出し、今なお進化し続けています。一方で、労働の現場で叫ばれている「働き方改革」はここ十数年なかなか進化せず、いまだ課題であり続けています。

つまり、我々人間が新しいテクノロジーに適応する前に、さらに新しいテクノロジーが開発される構図ができてしまっている。一刻も早く人間中心の視点でテクノロジーを捉え直さなければ、いずれテクノロジーを扱えなくなってしまう日が近いかもしれません。

DXを推進することは、こうしたギャップをITやデジタルで埋め、人々の生活をあらゆる面でより良い方向に変化させるための挑戦的な活動につながります。DXは「人間の適応能力を進化させる挑戦的な営みとして、進化の過程に多様性をもたらす大切な活動」なのです。DXには答えがなく、難しさも伴います。それでも、現代に必要不可欠な取り組みなのです。

ウサギ社長のDX講座から考えること

それでは、これまでの3回のDX講座を振り返ってみましょう。DX講座①では、DXの初期の定義が、DXを最初に提唱したインディアナ大学の教授、エリック・ストルターマン氏が提唱するDXの定義が時代とともに変化してきたことを解説しました。

そして、DX講座②コラムでは、「なんとかトランスフォーメーション」や「なんとかエクスペリエンス」を紹介しました。いかに多様な「X」（トランスフォーメーションやエクスペリエンス）があるのか、そして「○X」の「○」は形容詞や修飾語となる領域であって、実現したいこと、期待することは「X」に込められていることもお伝えしました。

この本を通して、少しでもDXに興味がわいたら、今後のニュースや情報に対するアンテナを張ってみてください。その興味から変わることがきっとあるはずです！

執筆／ウイングアーク1st株式会社・野島 光太郎

おわりに

「今さら聞けない　DX用語まるわかり辞典デラックス」を最後までお読みいただきありがとうございました。

近年、急速にDXが推進されていることもあり、ここ数年は「DXブーム」と呼ばれる時代に突入したと言っても過言ではありません。この時代に適応すべく、ウイングアーク１stでは「データによるエネルギー革命」で日本企業のDXを強力に推進するというビジョンを掲げています。さらに、2017年から「データ活用やデジタル活用を民主化したい」という想いでWEBマガジン「データのじかん」を運営し、2023年現在では月間約80万以上の読者の皆様が訪れるDX・デジタル・データ活用に特化したWEBマガジンに成長しました。

しかし、この成長とは裏腹にDX化に黄色信号を灯すような調査結果が発表されました。それは2022年5月24日、企業向けITソリューションを提供する株式会社ドリーム・アーツが「大企業の“ヤバい”他人事DXの実態」と題して公表したレポートです。このレポートでは、大企業の従業員1,000名を対象としたアンケート調査の結果、「あなたは今後DXに関わりたいか」という質問に対して半数を上回る6割がDXに消極的な姿勢を見せたと報告されました。

また、理由についても調査が行われ、「DXの関わりについて否定的な理由TOP3」として3つが挙げられました。（右図）

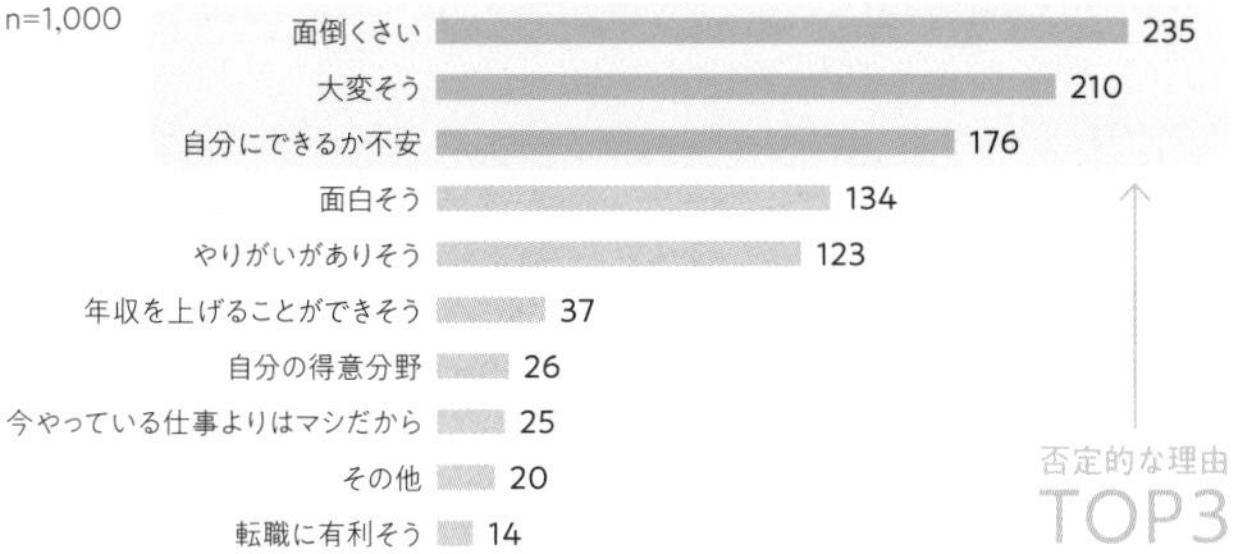
n=1,000
面倒くさい 235
大変そう 210
自分にできるか不安 176
面白そう 134
やりがいがありそう 123
年収を上げることができそう 37
自分の得意分野 26
今やっている仕事よりはマシだから 25
その他 20
転職に有利そう 14
否定的な理由
TOP3
出典：株式会社ドリーム・アーツ「大企業の“ヤバい”他人事DXの実態――大企業の従業員1,000名に聞いた“DXへの認識”に関する調査（第4弾）」調査レポート（2022年5月24日公開）をもとにデータのじかんが作成

この回答を見て「そんなに消極的でいいのか！」と心配してしまう方もいるでしょう。しかし、DXを推進する立場の皆様は、これが現場で働く方のリアルな感覚だと知っておくべきです。自分の周囲がDXに関心が高かったとしても、データを読めばすぐに特殊な集団にいたことがわかるはずです。

しかも、このようなDXに対する消極的な姿勢は大企業に限ったものではありません。独立行政法人 中小企業基盤整備機構が2022年5月に全国の中小企業者等を対象として行った「中小企業の DX 推進に関する調査」では、DXに「すでに取り組んでいる」と回答した企業は7.9%、「取り組みを検討している」と回答した企業は16.9%でした。一方、「必要だと思うが取り組めていない」と回答した企業は34.1%、「取り組む予定はない」と回答した企業は41.1%と、取り組みに消極的な企業の方が多数派です。

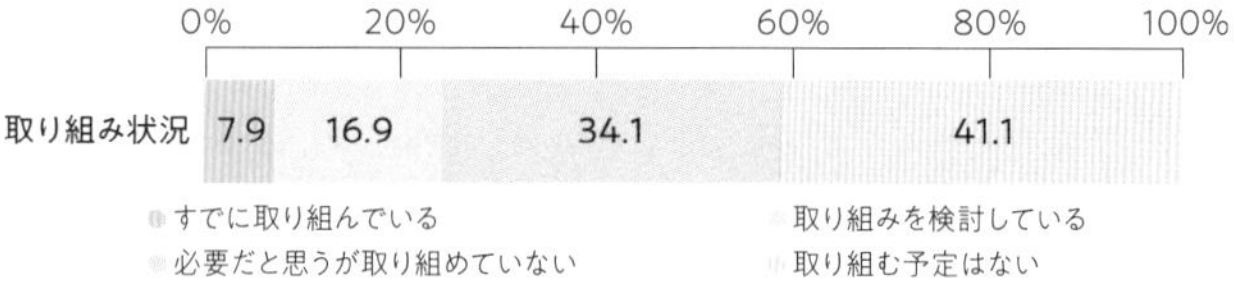

出典：独立行政法人 中小企業基盤整備機構「中小企業の DX 推進に関する調査 アンケート調査報告書」（2022年5月）をもとにデータのじかんが作成

これらのデータには、政府が推進するDXブームが、企業規模にかかわらず現場の意識や取り組みに反映されていない実態が映し出されています。日々、先鋭的な事例を見聞きしていると、DXは多くの人々・企業の間で重視されているとついつい考えてしまいそうになりますが、見えているものと実態に乖離があるということは受け止めておく必要があります。

また別の調査ではさらに興味深い報告があります。実は「大企業に勤めている人」のうち、44%はそもそも「DXがわからない」と答えているという点です。一方で、「管理職」という立場よりも「IT決裁者」などITに関わりを持つ人やITへの理解が深い人の方がDXに取り組む割合が高かったというデータも報告されています。これらを重ね合わせて判断すると、「立場や権限よりも『知識を持つこと』がDXへの取り組み度合いや積極性を高めるために重要なファクターである」という仮説が成り立ちます。

当たり前だと思われる方もいるかもしれませんが、PoCの実施やシステムの導入といった“即効性”が高いと感じられる施策に目を奪われている方も少なくないはずです。逆にDX推進において「DX教育・知識の共有」に力を入れているのであれば、データをもとにしたアプローチと言えそうです。

これからDXのブームによって、ビジネス全体のデジタル化が飛躍的に推進される時代が訪れます。その際に、データに隠された人の想いや行動を読み解き、適切な未来を予測できる越境者は重宝されます。

本書で取り上げたキーワードや内容は、デジタル時代を生き抜く教養としてあらゆる業界・業種・立場の方々に求められるものばかりです。4コマ漫画では、その始めのハードルを面白おかしく、時にはシュールに解説しています。語句や取り組みの詳細よりも関心を持っていただくことを優先しているため、書籍の中でわかりにくい場所やつまずいてしまった箇所があるかもしれません。その場合は、WEBマガジン「データのじかん」に掲載されているタイムくんもご覧ください。

本書とともにWEBマガジン「データのじかん」が、読者の皆様にとってDX・デジタル・データ活用に興味と関心、そして面白みを感じるきっかけになれば幸いです。

ウイングアーク1st株式会社
「データのじかん」編集長
野島 光太郎

索引

※太字は本書で紹介しているキーワードです。

と

な

に

ね

の

は

ひ

ふ

ウイングアーク1st株式会社「データのじかん」編集部

「データのじかん」は、データの会社「ウイングアーク1st株式会社」が運営するデータ・DXに特化したWEBマガジン。テクノロジーやデータで、ビジネスや社会を変え、文化をつくりあげようとする越境者のみなさまに寄り添うことを目的に、越境者の思考を発信する取材記事、越境者の負担を減らすアイデア、越境者の拠り所となる居場所やセミナー開催などを具体的なコンテンツとして提供しています。

データのじかん

https://data.wingarc.com

今さら聞けない　DX用語まるわかり辞典デラックス

発行日　2023年4月5日　第一刷発行

編者　ウイングアーク1st株式会社「データのじかん」編集部
マンガ・イラスト　トツカケイスケ
発行者　小柳学
発行所　株式会社左右社
東京都渋谷区千駄ヶ谷3-55-12 ヴィラパルテノンB1
TEL 03-5786-6030
FAX 03-5786-6032

装幀　松田行正＋倉橋弘
印刷・製本　株式会社シナノパブリッシングプレス

ISBN 978-4-86528-351-8　C0034